零基础玩转 DeepSeek

贾蓓◎编著

山东科学技术出版社
·济南·

图书在版编目（CIP）数据

零基础玩转 DeepSeek / 贾蓓编著. -- 济南 : 山东科学技术出版社, 2025. 4.（2026. 1 重印） -- ISBN 978-7-5723-2686-8

Ⅰ. TP18

中国国家版本馆 CIP 数据核字第 202511JF08 号

零基础玩转 DeepSeek

LING JICHU WANZHUAN DeepSeek

责任编辑：张洋洋
装帧设计：智灵童

主管单位：山东出版传媒股份有限公司
出 版 者：山东科学技术出版社
地址：济南市市中区舜耕路 517 号
邮编：250003 电话：（0531）82098088
网址：www.lkj.com.cn
电子邮件：sdkj@sdcbcm.com
发 行 者：山东科学技术出版社
地址：济南市市中区舜耕路 517 号
邮编：250003 电话：（0531）82098067
印 刷 者：天津善印科技有限公司
地址：天津市武清区大良镇隆良道 6 号
邮编：301703 电话：（022）82200858

规格：16 开（160 mm × 230 mm）
印张：8 **字数：**100 千 **印数：**30001~60000
版次：2025 年 4 月第 1 版 **印次：**2026 年 1 月第 2 次印刷
定价：69.80 元

前 言
PREFACE

在这个机遇与挑战并存的时代，人工智能正以惊人的速度改变着各行各业的面貌。从医疗到金融，从教育到娱乐……每个领域都在经历一场数字化变革。人工智能不仅改变了我们的工作方式，也在改变着我们的思考和决策方式。

也许你正为琐碎事务占据生活和工作时间而苦恼；也许你在创业路上正苦于数据洪流，难以找到决策依据；也许你正跨界转型，迫切需要迅速掌握新领域的底层逻辑……无论你的起点如何，人工智能都能成为你的“第二大脑”，让你在复杂多变的环境中始终保持竞争优势。

本书以深入浅出的方式，带你了解 DeepSeek 的核心功能，并帮助你掌握实际应用技巧。从制度设计到招聘计划，从数据分析到智能决策，从日常工作到流程优化……DeepSeek 提供了一站式的智能解决方案，帮助你高效整合信息，提升决策质量，实现降本增效和持续创新。

翻开这本书，你就不再是技术浪潮里的看客，而是能操控 AI 的先锋。那些重复、机械、效率低的工作，都交给 AI 去做，你只需要集中精力做那些真正重要的事：思考、创新和突破。让我们一起拥抱 AI 未来，培养 AI 思维，用创新与智慧迎接更加光明的未来！

目 录
CONTENTS

第三章　各行各业如何用 DeepSeek 提升生产力？

第四章　DeepSeek 生态的无限可能，AI 时代的新机遇

第一章

AI 时代已来，为什么要学 DeepSeek？

DeepSeek 是什么？它有什么特别之处？

AI 时代已来，不懂 AI 会被时代甩下吗？

在过去的十年中，人工智能（AI）技术的迅猛发展，对我们的工作、学习和生活方式产生了根本性的影响。从智能语音助理到自动驾驶技术，从精准医疗到金融数据分析……AI 已经渗透到各个领域。当前，AI 技术已不再是科技巨头掌握的工具，而是成为普通大众也能便捷使用的辅助工具。

然而，AI 的普及也带来了新的挑战。许多传统行业正经历智能化转型，许多过去依赖人力的工作逐步被 AI 取代。例如，企业客服、数据录入员、基础市场分析员等岗位，AI 已经能够高效完成他们的工作。因此，那些具备创造力并懂得如何应用 AI 的人才，在职场竞争中更具优势。

在这个变革的时代，掌握 AI 工具，尤其是像 DeepSeek 这样高效、易用的 AI 助手，不仅能让你跟上时代的步伐，还能让你比别人更快适应新型工作模式，在职场中占据主动。

◇◇◇ 同样的工作，不同的结局 ◇◇◇

A 和 B 是大学同学，毕业后进入同一家公司做市场营销，起点相同，薪资相当。然而，不久后，他们的职业发展却出现了明显分化。

A 依然采用传统方式收集数据、手动撰写报告，工作效率低下。而 B 则学会了使用 DeepSeek，利用 AI 快速分析市场趋势，优化营销文案，并自动生成营销报告，大幅提升了工作效率。

当公司决定提拔一名主管时，B 因高效的工作方式脱颖而出，而 A 仍在原岗位苦苦挣扎。这说明，AI 不会取代你，但不会用 AI 的人，可能会被淘汰。在未来的职场中，懂得借助 AI 提升工作效率，才是决胜的关键。

DeepSeek 是什么？

DeepSeek，是一款由杭州深度求索人工智能公司基于自然语言处理和深度学习技术开发的智能助手，该系统能进行智能对话、精确翻译、创新写作、高效编程和智能解答等。DeepSeek 不仅能回答日常问题，还能在专业领域提供技术支持，既高效又准确。

DeepSeek 的设计理念是“让 AI 成为每个人的得力助手”，而不是取代人类。它的核心目标是帮助用户更高效地完成任务，提升工作效率和生活质量。通过它，用户可以轻松解决复杂问题，释放更多时间，去关注更有价值的事情。

DeepSeek 有哪些特别之处？

1. 先进的混合专家（MoE）架构

DeepSeek 采用混合专家（MoE）模型架构，这一创新设计结合了多个子模型，每个子模型专注于不同类型的任务，从而实现高效推理和多任务处理。例如，DeepSeek-V3 的参数规模高达 6710 亿（671B），但实际推理时仅激活 370 亿（37B）参数。这使得模型在处理复杂任务时表现出色，同时降低计算成本，提高效率。

MoE 架构的优势在于灵活性和可扩展性。DeepSeek 可以根据任务需求动态调整计算资源，避免传统大模型“一刀切”的计算方式，提高推理速度并降低能耗，使其更具竞争力。

2. 开源策略与低成本优势

DeepSeek 的另一个显著特点是开源策略。DeepSeek 的多个版本，如 DeepSeek-LLM 和 DeepSeek-V3，均已开源，使全球研究者和开发者能自由访问和使用。这不仅降低了技术门槛，还推动了全球范围内的技术创新。

此外，DeepSeek 的训练成本相对较低。例如，DeepSeek-V3 的训练仅需 280 万 GPU 小时，总成本约为 557.6 万美元，相比于其他顶级模型动辄数千万甚至上亿美元的训练成本，DeepSeek 在保证高性能的同时，大幅降低了经济门槛，使其更适用于中小企业和研究机构。

3. 多模态融合能力

DeepSeek 不仅能处理文本内容，还具备强大的多模态融合能力，能处理图像、音频、视频等多种数据类型。例如，用户可以使用 DeepSeek 生成图像描述、分析音频内容，甚至进行跨模态的创意设计。这在内容创作、媒体分析、智能助手等领域具有广泛的应用前景。

DeepSeek 的这一能力来源于它对不同数据类型的统一处理框架。通过将文本、图像、音频等数据映射到同一语义空间，它能实现跨模态的信息交互，如通过文字生成图像，或分析图像内容生成详细描述等。

4. 强大的自然语言处理能力

DeepSeek 在自然语言处理（NLP）方面表现出色，能理解复杂语言结构，生成流畅、准确的文本。无论是撰写文章、翻译语言，还是进行对话，DeepSeek 都能提供高质量的输出。

在语言生成任务中，DeepSeek 模型能依据上下文信息生成逻辑连贯、语义自然的文本序列；在翻译任务中，该模型不仅能实现精确的文字转换，而且能有效保留原文的语调和文体特征。此外，在对话系统应用中，DeepSeek 模型能准确把握用户的意图，并生成恰当的响应，从而提供流畅的交互体验。

DeepSeek 的特点与应用对照表

特点	核心优势	应用场景
MoE 架构	高效推理，降低计算成本	大规模数据处理、智能决策
开源与低成本	公开模型，降低技术门槛	研究、企业 AI 应用
多模态能力	处理文本、图像、音频等	内容创作、智能助手
强大的 NLP 能力	精准理解、流畅生成文本	翻译、写作、客服

为什么你应该尽快掌握 AI 技能？

如今，各大企业都在推动 AI 技术的应用，掌握 AI 工具已成为职场人的“必修课”。

提升竞争力。掌握 AI 工具，意味着更高的工作效率和更强的竞争力。例如，一位懂得利用 AI 进行数据分析的市场人员，远比利用传统方式工作的同事更受企业青睐。能运用 AI 进行精准营销、优化营销策略，甚至预测市场趋势的人才，在职场上更具优势。

适应行业变化。AI 时代的加速到来，让各行各业都在快速转型。例如，财务分析师、法律顾问、医生等纷纷引入 AI 工具，提高决策精准度和工作效率。那些愿意学习和应用新技术的人，更容易在未来的工作中立足。

释放时间，专注更重要的事情。掌握 AI 工具，你可以将重复性任务交给 AI，腾出更多时间专注于创造性和策略性工作。例如，企业管理者可以利用 AI 自动生成商业报告，将精力放在企业战略规划上；内容创作者可以借助 AI 进行素材整理，集中精力构思高质量创意内容。

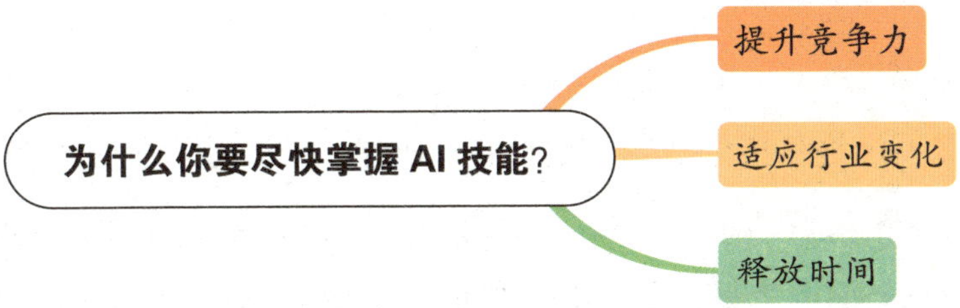

DeepSeek 是一款功能强大、易于使用的 AI 助手，凭借其先进的模型架构、开源策略、多模态融合能力和广泛的应用场景，正在成为 AI 时代的明星产品。无论你是学生、职场人士，还是自由职业者，DeepSeek 都能为你提供高效、精准的服务。在 AI 迅速发展的时代，学会使用 AI 工具，不仅是适应潮流，更是提升个人竞争力的重要手段。

AI 如何重塑普通人的 24 小时?

AI 不仅是科技企业的实验产物，还深度嵌入了我们的日常生活。从清晨睁开双眼，到夜晚安然入睡，我们与 AI 的交互无处不在。它不仅是一个辅助工具，更像是我们的“隐形助理”，在不知不觉中优化着我们的时间管理、信息获取和决策方式。

尽管如此，仍有许多人没有充分意识到 AI 的影响。它不仅是提高效率的工具，还是一个不断学习、优化的智能系统，能根据个人习惯调整策略，让每个人的时间价值最大化。学会与 AI 共存，就能在这个智能时代掌握主动权。

AI 如何改变我们的日常生活?

1. 早晨：从“被动唤醒”到“智能激活”

清晨不再被刺耳的闹钟惊醒，而是由 AI 智能闹钟在最佳睡眠阶段轻柔唤醒。基于你的生理数据，AI 还会逐步调整闹钟时间，帮助你养成更健康的作息习惯。

AI 健康助手会根据你的身体状况和饮食偏好，为你推荐科学合理的早餐。智能新闻摘要工具会自动筛选最重要的资讯，并结合你的兴趣生成个性化新闻流。在吃早餐时，你无须刷屏搜索，只须听 AI 简要播报，便能快速了解世界动态。

AI 出行助手还能优化你的通勤时间，分析实时路况，为你规划最优路线，避开拥堵，让你原本匆忙的早晨变得从容而高效。

2. 白天：从“低效运作”到“智能协作”

在工作或学习时间，AI 将成为你的全能助手。智能日程管理系统会自动筛选重要事项，优化你的任务顺序，确保每一个待办事项都能在最合适的时间完成。

语音助手让信息获取变得更加高效，你无须手动查找资料，只需语音指令，AI 便能从庞大的数据库中找到你需要的资料。对于需要撰写报告、邮件或市场分析的人，AI 写作工具可以快速生成高质量文本，同时还能智能校对语法和优化措辞，提高表达精准度。

AI 数据分析系统还能帮助你高效处理海量信息，精准预测趋势，帮助你做出更科学的决策。当你不再被重复性工作消耗精力，便可以将更多时间投入到创造性和策略性任务中，让工作变得更加智能化。

3. 晚上：从“信息过载”到“精准放松”

结束一天的忙碌后，AI 智能家居系统自动调节灯光、温度、湿度，并播放适合的背景音乐，打造舒适的居家环境。AI 健身教练结合你的运动习惯，推荐个性化训练方案，确保运动既有效果，又不容易受伤。

AI 娱乐推荐系统则会根据你的观影偏好，筛选出符合你口味的电影、音乐或书籍。它不仅是单纯的推荐，还能基于你的疲劳程度调整观影体验。例如，自动调节屏幕亮度、优化音效，让你的休闲时光更加舒适。

睡前，AI 睡眠监测系统会分析你的睡眠数据，并提供改善建议，如调整卧室温度、减少蓝光干扰，帮助你进入更深层次的睡眠状态。这样，你不仅能享受更好的休息质量，也能在第二天保持精力充沛。

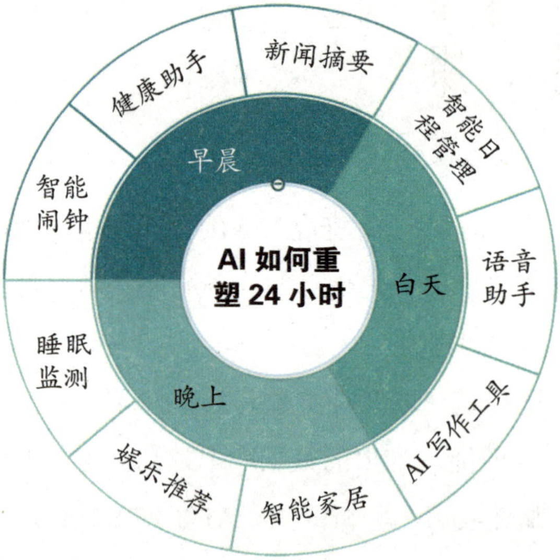

AI 如何帮助你培养长期习惯？

许多人都曾尝试培养新习惯，如早起、锻炼、阅读或戒掉坏习惯。

然而，大多数人往往坚持几天后就放弃了。AI 的优势在于，它不仅是一个提醒工具，更是一个“智能教练”，能分析你的行为模式，提供个性化反馈，帮助你坚持下去。

行为分析与反馈：AI 可以追踪你的习惯培养过程，并从数据中找到问题所在。例如，如果你尝试每天早起但总是失败，AI 会分析你的睡眠数据，找出导致你起不来的真正原因，并提出具体的优化建议，如“提前 30 分钟关掉电子设备”或“采用渐进式闹钟调整”。

如果你想养成每天阅读的习惯，但总觉得“没时间”，AI 会分析你的时间分配，如果发现你每天在碎片化时间里有 40 分钟刷短视频的行为，就会建议你用其中的一部分时间进行阅读。相较于单纯的“阅读提醒”，这种基于真实数据的优化方案更具针对性。

个性化激励机制：在习惯培养的过程中，AI 不仅能记录你的进步，还能为你提供个性化激励。例如，如果你设定了每天跑步 3 公里的目标，AI 会自动生成一份数据报告，展示你的里程累积、速度提升等，让你的努力变得“可视化”，增强成就感。

AI 如何帮助你培养长期习惯

对于孩子来说，AI 还能通过“闯关式”的互动机制，将习惯培养变成游戏。例如，每完成一次阅读任务，就能解锁新的虚拟奖励。这种方式让坚持习惯变得更有趣，而不仅仅是意志力的挑战。

习惯调整优化：很多人之所以失败，是因为他们设定的习惯没有融入自己的生活节奏。AI 可以帮你找到最适合的执行时间。例如，你原本计划晚上阅读，但总是因为社交或工作安排而错过，AI 可能会建议你改为早晨通勤时间听有声书。如果你设定的目标难度过高，导致多次失败，AI 也能帮助你调整。例如，你本想每天写 1000 个字，但连续几天都未能完成，AI 可能会建议你先从 50 个字开始，逐步增加，让挑战更符合你的实际情况。

AI 不会替你培养习惯，但它能让习惯养成变得更简单、更科学。过去，我们依靠意志力去坚持，而现在，AI 可以帮助我们减少养成习惯的阻力，让坚持变得更加简单。

AI 不会替你生活，但它能让你的 24 小时更加高效、自由。与其担心 AI 会不会抢走工作，不如主动学习 AI，让自己活得更轻松、更有竞争力。

DeepSeek 核心功能深度解析

人工智能的发展已经进入“智能决策”时代。从最初的规则驱动，到深度学习，再到今天的多模态推理，AI 不再仅仅是一个执行工具，而是影响思维方式和决策质量的重要变量。市场上的 AI 工具越来越多，但它们之间的差异却越来越小——几乎所有的 AI 都能生成文本、辅助编程、翻译语言、分析数据。

然而，DeepSeek 的特别之处，并不只是“会聊天、会写作、会编程”，而是它能比其他 AI 更精准、更深入、更灵活。它不仅能帮你执行任务，还会优化你的思考方式，帮助你做出更好的决策。它的核心价值在于，它不仅仅是一个“执行者”，更是一个“思考者”。它不仅能告诉你“怎么做”，还会探讨“这样做是对的吗”，甚至“有没有更好的方法”。

1. DeepSeek 不仅能执行，还会判断对错

市面上大多数 AI 本质上是高效的“指令响应器”，只要你输入一个指令，它们就会按照预设逻辑完成任务。但 DeepSeek 采用了一种进阶的策略思维架构，在执行任务的同时，它会先分析任务的合理性，并提供优化建议。

在面对开放性问题时，DeepSeek 不会急于给出答案，而是先确

认你的目标，分析潜在变量，并提供不同角度的解读。DeepSeek 不会单纯执行任务，而是会评估任务本身是否值得执行，如果你的问题不合理，它会提醒你重新思考。

普通 AI：请写一篇关于产业的分析文章。结果是直接输出一篇千篇一律的概述文章，基本信息准确，但缺乏深度。

DeepSeek：先反问该产业在未来五年会成为主流吗？如果是，原因是什么？如果不是，阻碍它发展的关键因素是什么？以确保用户的核心问题明确。再通过推理、数据支持和逻辑优化，输出高质量的答案。

2. 不只提供答案，还会帮你理清思路

在处理复杂问题时，大多数 AI 只能基于用户输入的单一指令生成答案，而 DeepSeek 具备强大的问题拆解能力。当你提出一个宽泛的问题时，它不会直接给出答案，而是主动细化问题，引导你进行深度思考，并最终提供更具针对性的解决方案。这使得 DeepSeek 在商业咨询、行业分析、学习规划等领域，能真正成为用户的决策引导工具，而不仅仅是一个“答案提供者”。这一特性让 DeepSeek 在处理职场效率优化、流程改进、组织管理等任务时，能提供更具针对性的解决方案，避免千篇一律的模式化回答。

普通 AI：如何提高工作效率？结果是提供一份通用技巧清单，如设定优先级、减少干扰、使用时间管理工具等。

DeepSeek：先分析你的工作模式，并提问：“你的核心问题

是任务管理混乱，还是信息处理困难？是缺乏清晰目标，还是执行力不足？你的主要工作挑战是什么？”最终，基于你的回答，提供个性化的效率优化方案，而不是一份没有针对性的通用答案。

3. 深度适应：让AI变得“越来越懂你”

绝大多数AI交互都有一个致命问题——它们无法记住用户的习惯，每次交互都像是从零开始。DeepSeek采用多轮对话机制，能记住上下文，优化回答方式，并逐步适应用户需求，使得AI交互更加自然、智能。

这意味着DeepSeek不是一个静态的AI，而是一个可以不断学习、动态适应的智能助手，它会随着用户的使用习惯不断优化自己的响应方式。

普通AI：给我推荐一些适合长期投资的行业。结果是直接提供一份行业列表，如“人工智能、可再生能源、生物科技”等，并给出基础分析。

DeepSeek：给我推荐一些适合长期投资的行业。DeepSeek会先询问：“你的投资风格是保守型、稳健型，还是激进型？你的投资周期是5年以上，还是短期内就希望有回报？”根据用户的回答，DeepSeek不仅推荐行业，还能根据市场趋势，结合用户偏好，提供更个性化的投资建议。

DeepSeek不是一个简单的AI助手，而是一个高阶思维辅助系统，它的价值不仅仅在于“能帮你完成任务”，更重要的是会优化你的思考方式，帮你提升决策质量、优化执行策略，并动态适应你的需求。如果你想要的不只是一个“聊天机器人”，而是一个真正能提升你认知水平、优化你思维方式的 AI，DeepSeek 无疑是目前最值得尝试的选择。

账号注册与基础配置：五分钟上手指南

AI 再强大，想要真正发挥它的作用，第一步是学会注册并完成基础配置。DeepSeek 的设计理念是让每个人都能轻松上手，因此整个注册与设置过程十分简捷直观。本指南将带你在五分钟内完成 DeepSeek 账号注册，让你快速开启 AI 助手的新旅程。

第一步：注册 DeepSeek 账号

1. 访问 DeepSeek 官网

首先，打开浏览器，在地址栏输入 DeepSeek 的官方网址：www.deepseek.com，进入官方页面。建议使用稳定的网络环境，以确保注册过程顺畅。

2. 选择注册方式

DeepSeek 提供多种注册方式，用户可以选择使用邮箱、手机号或第三方账号快速创建账户。如果你是开发者，建议使用 GitHub 账号进行登录，这样可以更方便地管理你的技术项目，并在未来与

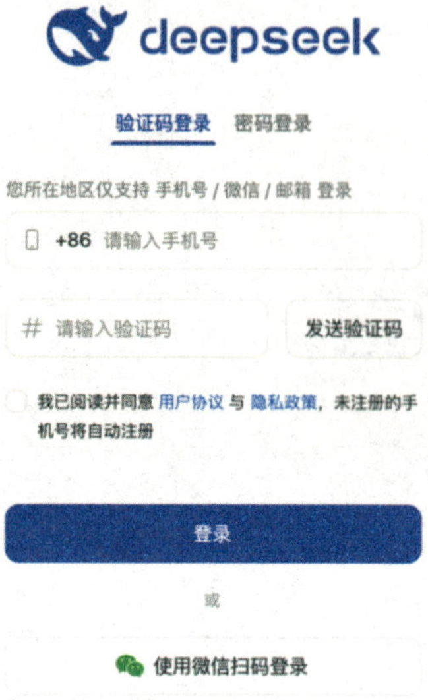

DeepSeek 的开发者社区互动。

3. 账号验证

如果使用手机号注册或者使用微信扫码登录，DeepSeek 会向你的手机发送验证码。输入验证码后，设置密码，并确认账号信息（如用户名和个人资料）。

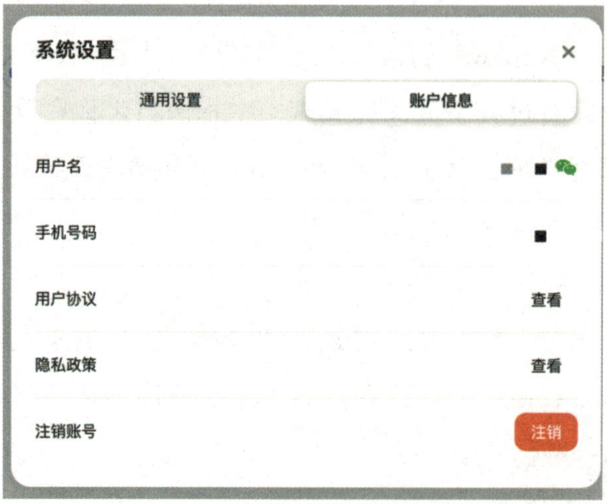

第二步：绑定设备与多端同步

DeepSeek 支持多设备同步使用，包括网页端、移动端（iOS/Android）和桌面应用。如果你希望无缝切换设备，确保随时随地都能调用 AI 助手，可以在账号设置→设备管理页面绑定你的手机。

此外，建议下载 DeepSeek 移动端应用，这样即使在外出时，也能随时调用 AI 助手，无论是快速查询信息、翻译文本，还是生成文案，都能即时完成，让 AI 成为你的随身智能助手。

第三步：开启 AI 交互之旅

现在，你已经成功注册并完成基础配置，是时候开始你的 DeepSeek 体验了。进入 DeepSeek 的交互界面，你会看到一个直观的聊天窗口。在这里，你可以像与朋友对话一样，向 DeepSeek 提问，让它帮助你分析问题、撰写文章、优化代码，甚至进行深度思考的辅助。

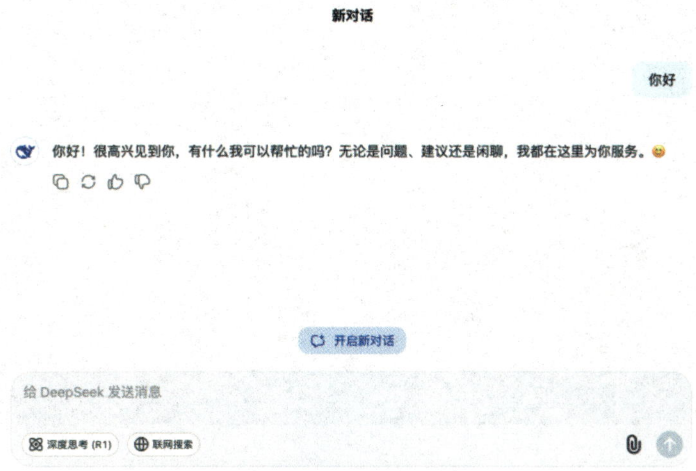

DeepSeek 的界面解析与常用操作

在成功注册并完成基础配置后，熟悉 DeepSeek 的界面和操作逻辑是高效使用 AI 的关键。DeepSeek 的设计理念是“简洁而强大”，它的界面既适合初学者，也能满足进阶用户的需求。下面将详细解析 DeepSeek 的主要界面，并介绍高效使用的技巧，让你迅速掌握核心操作。

进入 DeepSeek 后，你会看到一个干净、直观且层次分明的主界面。整个界面布局合理，旨在提供高效、流畅的 AI 交互体验。主要界面可以分为以下几个核心区域。

第一，左侧导航栏是 DeepSeek 的核心功能的快捷入口，它提供了多个关键模块，帮助你快速找到所需功能。

主页（Home）：这是 DeepSeek 的核心区域，你可以在这里自由输入问题，与 AI 进行实时交互。无论是获取信息、分析数据，还是创作内容，这里都是你的主要工作空间。

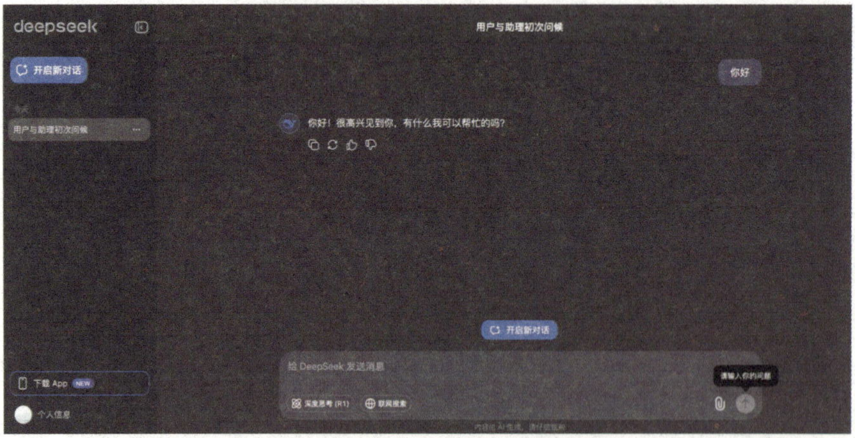

历史记录（History）：方便你查看过去的对话记录，随时回顾或继续未完成的任务。对于需要长期跟踪的内容，比如，写作、学习笔记或数据分析，这个功能可以帮助你轻松查找和管理之前的交互信息。

设置（Settings）：在这里，你可以调整 DeepSeek 的个性化选项，包括语言偏好、主题风格等，让 AI 更符合你的使用习惯。例如，如果你更喜欢黑暗模式或英文全界面，都可以在这里进行调整。

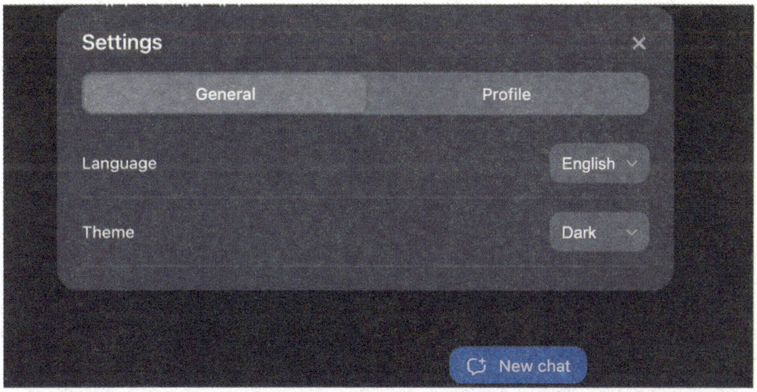

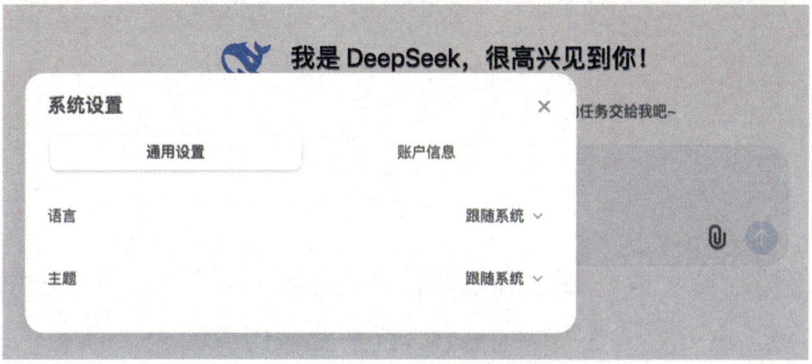

第二，DeepSeek 的主要对话窗口是整个 AI 交互的核心区域，其设计类似于主流的聊天工具，使人与 AI 的沟通更加自然流畅。你可以在这里输入问题，AI 会在几秒钟内给出精准的回复，并支持多轮对话，使得 AI 能够持续记住上下文，提高对话的连贯性和智能程度。

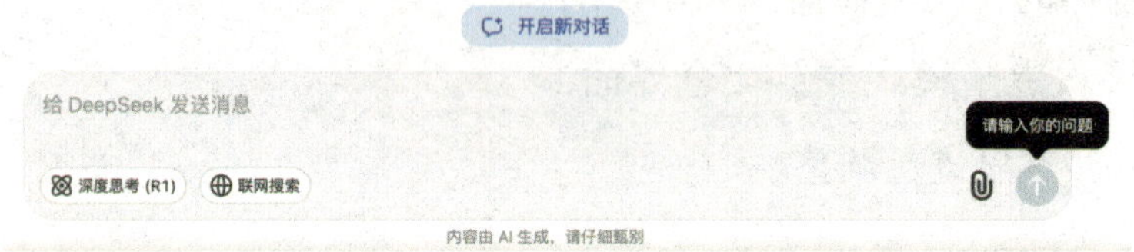

特别功能：

实时编辑：如果你对 AI 的回答不满意，或者想要更精确的答案，可以直接在对话框中修改输入的提示词，让 AI 基于新的输入内容进行调整，而不需要重新开始整个对话。这种实时调整机制，让 AI 交互更加灵活。

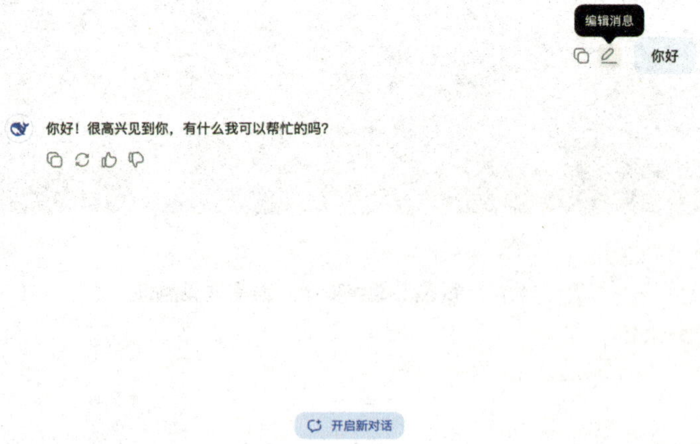

上传附件：这是 DeepSeek 的一项强大功能，你可以在这里上传 PDF、Word、Excel 等文档，AI 会自动解析内容，提供摘要、翻译、

数据分析等智能辅助。对于需要处理大量文本资料的用户来说，这是一个能极大提升效率的工具。

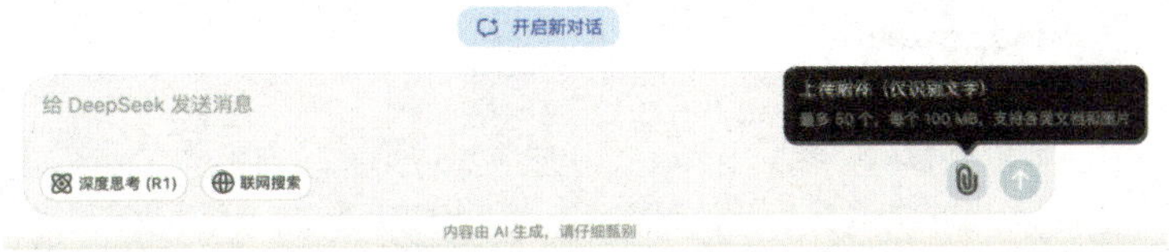

快捷键：为了提升使用效率，DeepSeek 支持一系列快捷键，让你可以更快地输入、调整和切换功能。

Ctrl+Enter 或 Cmd+Enter（Mac）：快速提交输入

Shift+Enter：换行，而不是提交输入

Ctrl+ 或 Cmd+ 或（Mac）：查看所有快捷键

↑（上箭头）：快速编辑上一条输入

第三，DeepSeek 让对话管理变得更加灵活，你既可以随时查阅过去的交流内容，也可以完全掌控自己的数据，确保个人隐私得到充分保护。熟练使用历史记录功能，不仅能让你避免重复输入，提高效率，还能更好地整理和利用 AI 交互带来的信息增值。如果你不希望某些对话被存储，或需要清理历史记录，DeepSeek 也提供了相应的管理选项。

单条删除：在历史记录页面找到对应的对话记录，点击“删除”按钮，即可清除该条记录。

批量管理：如果你想一次性清理多个对话内容，可

以在个人中心→设置→历史管理选项中进行批量删除或清空所有记录。

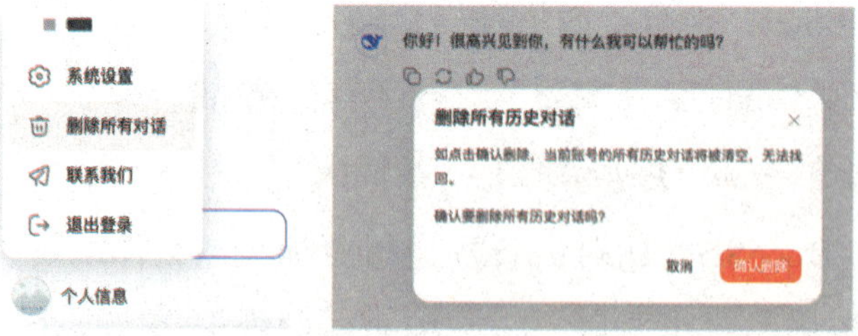

提问的艺术：
如何与 DeepSeek 高效对话？

DeepSeek 作为一款优秀的 AI 工具，其输出质量很大程度上依赖于用户的输入方式。一个模糊、宽泛或缺乏背景信息的问题往往只能得到泛泛而谈的回答，精准、结构化的问题则能引导 AI 生成有价值的内容。掌握高效提问的技巧，不仅能让 DeepSeek 成为强大的智能助手，更能提升用户的思考能力与信息处理效率。

◇◇◇ 同样用 AI，为什么他的报告更出色？ ◇◇◇

陈某和赵某是同事，部门要求他们提交一份分析报告，陈某打开 DeepSeek，随便输入了一句简单的问题。几秒钟后，AI 给出了一段回答，列举了一些行业应用，但内容过于泛泛，缺乏深度和数据支撑。他尝试让 AI 补充细节，结果只是把原有的回答扩展了一些，没有逻辑，也没有层次。他皱了皱眉，最后还是决定自己查找资料，手动整理内容。

赵某则用了一种不同的方法。他先要求 DeepSeek 扮演行业分析师，再设定文章结构，明确内容需要按照不同行业分类，每个部分都要有实际案例和数据支撑。几秒钟后，AI 生成了一篇逻辑清晰、条理分明的报告，他只需要稍作调整，就能直接提交。报告提交后，老板迅速选中了赵某的版本，评价说“专业性很强，框架完整，数据有力”。

提问和提示语：如何区分？

在 AI 交互中，提问（Questioning）和提示语（Prompt Engineering）是两种常见的方式，它们虽然看似相似，但本质上是不同的概念，适用于不同的场景。它们各有特点，直接影响 AI 的输出效果。理解两者的区别，能帮助你根据任务需求选择合适的方法，从而提升交互效率。

提问和提示语的区别

维度	提问（Questioning）	提示语（Prompt Engineering）
目标	获取直接答案或信息	让 AI 生成符合预期的内容
结构	一般较简短、直接	结构化，可能包含背景信息和格式要求
适用任务	日常查询、概念理解、事实检索	文章写作、深度分析、任务执行
用户控制力	用户对 AI 输出的控制较弱	用户可以更精准地引导 AI 输出
是否包含角色设定	否	是，可以让 AI 扮演不同角色

要充分发挥 DeepSeek 的能力，仅仅知道提问和提示语的区别还不够。在实际操作中，如何设计输入内容才是关键。本书将从理解 AI 的运行机制开始，逐步揭示如何通过优化提问方式，让 AI 输出的内容更贴近你的需求。

如何与 DeepSeek 高效对话？

第一步：理解 AI 的思维方式

DeepSeek 的运行基于模式识别和概率推理，不具备人类的主观判断。别指望 DeepSeek 像人一样揣摩你的潜台词，它没有直觉，只有算法。问得越模糊，它就越会胡乱抓取信息。想让它发挥极致，就得用它的语言说话：清晰、具体、有边界，如给出背景、范围和目标，以确保 AI 的回答符合需求。

错误提问示例：写一篇关于 ×× 的文章。（范围太广，AI 无法

确定主题）

优化后的提问示例：请写一篇关于 ×× 的文章，字数控制在1000字以内，并包含实际案例。

第二步：使用分步式提问

DeepSeek 虽强，却不是全能神器。它无法一次性处理所有信息，如果你的问题过于复杂，它可能会给你一个框架松散的大杂烩，回答也可能缺乏深度或结构。用户可将大问题拆解为多个小问题，逐步引导 AI，让 AI 的回答层层递进，最终拼出一幅完整拼图。这种分步法不仅提升效率，还能让 AI 给出更精准的答案。

第三步：提供示例，提高回答质量

DeepSeek 虽然无法自主创作，但擅长模仿和优化。只要在提问中提供清晰的示例，它就能按照预期的格式输出内容。例如，如果你希望 AI 生成表格，只需在问题中明确要求，它便会按照指定的结构整理信息，使输出的表格更加直观、规范。因此，提供示范能够有效提升 AI 回答的精准度，使其更符合你的需求。

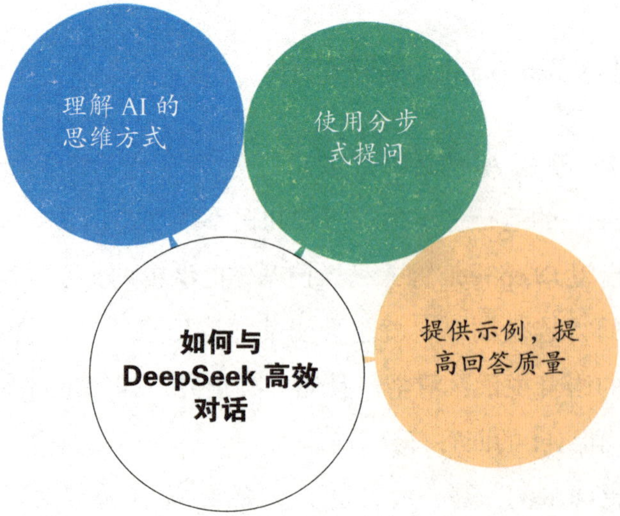

避坑指南：使用 DeepSeek 的常见误区与优化策略

随着 AI 技术的不断进步，优化提示语将成为提高生产效率的重要途径。未来，在 AIGC（AI 生成内容）时代，那些熟练运用提示语的人将在工作和创新中占据明显优势。

提示语是用户与 AI 交互的核心环节，直接决定了 AI 能否准确理解需求并生成高质量输出。通过设计逻辑清晰且针对性强的提示语，可以大幅提升 AI 的表现。不同的任务场景需要不同类型的提示语，因此掌握提示语的设计方法尤为关键。

◇◇◇ AI 不是“万能专家” ◇◇◇

小夏是市场部的一名普通职员，每天都有大量的市场数据需要整理分析，他使用 AI 工具快速生成报告，极大提高了工作效率。久而久之，他逐渐产生了一种错觉，认为 AI 生成的内容既快速又准确，根本不需要再仔细核对。一次，公司需要紧急向客户提交一份市场调研数据报告，小夏直接用 AI 工具生成后，没有进行任何检查便匆忙提交给领导。

然而，没过多久，他受到了领导严厉的批评。原来报告中的数据完全偏离实际情况，甚至出现了根本不存在的市场案例，让领导在客户面前丢尽了颜面。小夏这才意识到，过度依赖 AI 而忽略人工验证，很可能导致严重的工作失误。AI 再强大，也只是辅助工具，重要数据仍需要亲自把关。

使用 DeepSeek 的常见误区

许多新手在使用 DeepSeek 时，会陷入一些常见的误区，导致 DeepSeek 输出的质量大打折扣。下面将解析这些陷阱，并提供针对性的应对策略，帮助你优化提示语设计，提高 DeepSeek 交互的准确性和实用性。

1. 期待一次性完美结果

陷阱症状：许多用户希望通过一次性输入复杂详细的指令，让

DeepSeek 直接生成完美答案。但在实际操作中，过于复杂的初始提示语可能会导致 DeepSeek 误解需求，而太过简单的指令又可能让 DeepSeek 输出内容缺乏深度。如果用户对初次输出结果不满意就放弃，或者没有给 DeepSeek 反馈和优化的机会，往往会错失真正发挥 DeepSeek 潜力的机会。

应对策略：可以采用增量方法，从基础提示语开始，逐步添加细节和要求，让 DeepSeek 逐步优化回答。同时，可以主动寻求反馈，要求 DeepSeek 对其输出进行自我评估，并提供改进建议。例如，"你的回答有哪些不足？如何优化？"此外，建议设计多轮对话，通过一系列后续问题不断澄清和调整 DeepSeek 的回答，而不是依赖一次性输入获得最终结果。

2. 当细节淹没重点或意图不明确时

陷阱症状：当提示语缺乏关键信息时，DeepSeek 可能会给出泛泛的回答，而如果信息过载，DeepSeek 可能会难以提取核心要点，导致输出内容与用户期望严重不符。此外，用户可能需要频繁调整问题或重新解释需求，增加沟通成本，影响交互效率。

应对策略：确保提示语的详细度适中，既提供足够的上下文信息，又不过度限制 DeepSeek 的创造性。建议用户在输入时突出最重要的 2~3 个关键点，使 DeepSeek 聚焦核心内容，提高回答的相关性。同时，可以使用结构化格式，如列表或步骤式指导，让 DeepSeek 按照逻辑顺序输出内容，提高可读性。

3. 当 AI 只告诉你想听的时

陷阱症状：由于 DeepSeek 的训练数据来自历史文本，它可能会倾向于支持某些主流观点，或者根据用户的提示语默认采纳某种立场，缺乏对立或不同观点的呈现，影响信息的全面性。当提示语中带有明显倾向性时，DeepSeek 可能会强化用户已有的偏见，而不会主动提供相反的观点。

应对策略：用户在设计提示语时应进行自我审视，反思是否存在潜在偏见，并调整表达方式，使其更加客观。同时，建议使用中立语言，避免情绪化或带有倾向性的表述。此外，用户可以明确要求 DeepSeek 进行多角度分析。例如，分别从支持者和反对者的角度讨论某个问题，以获取更均衡的答案。最后，批判性思考同样重要。用户应对 DeepSeek 生成的内容保持警惕，主动交叉验证关键信息，避免因单一信息源而陷入信息茧房，确保决策的全面性和可靠性。

4. 当 AI 自信地胡说八道时

陷阱症状：AI 在缺乏相关信息的情况下，依靠概率性选择生成看似合理但实际上不真实的内容。这种现象通常发生在 AI 需要提供具体数据、引用事实或者回答专业领域问题时，可能会出现虚构的术语、错误的数据，甚至给出无法验证的预测。

DeepSeek 幻觉不仅限于数据不准确的问题，还涉及逻辑推理能力的局限。许多 AI 在面对需要复杂推理的问题时，可能会因为缺乏严格的逻辑能力而给出看似合理但实际上漏洞百出的答案。

应对策略：减少 AI 幻觉的有效方法是让用户在请求 AI 进行推理分析时，明确要求其提供推理过程，并针对每一步进行验证，以确保输出的可靠性。例如，用户可以在提示语中要求 AI 区分已知事实和推测部分，例如“请明确哪些部分是已知事实，哪些部分是推测”。

5. 低估 AI 的伦理限制

陷阱症状：有些用户可能会尝试绕过 AI 的安全机制，要求其生成违反道德、法律或社会伦理的信息。当 AI 拒绝回答此类问题时，部分用户可能会感到困惑，甚至尝试通过隐晦的提示语引导 AI 生成敏感内容。这种做法不仅不道德，还可能导致错误信息传播，甚至引发法律责任。

应对策略：用户在使用 DeepSeek 时，应当了解 DeepSeek 的基本伦理准则，并确保自己的请求符合法律和道德标准。合理的提示语应当明确包含伦理考虑。例如，在请求 DeepSeek 进行决策分析时，可以要求它评估可能带来的社会影响。这样不仅能确保 DeepSeek 输出的信息更加可靠，也能避免因伦理问题带来的潜在风险。

6. 不合理地调整 DeepSeek 的输出格式

陷阱症状：有些用户在要求 DeepSeek 生成内容时，会频繁要求其改变格式。例如，从长篇分析调整为短句摘要，或者让 DeepSeek 重新组织结构，但没有提供清晰的转换逻辑。这可能会导致 DeepSeek 生成的内容缺乏连贯性，或者在调整过程中遗漏关键信息。例如，如果让 DeepSeek 生成一篇 2000 字的深度文章后，又要求它缩写为 500 字的摘要，可能会导致核心观点被弱化或误解。

优化策略：在调整 DeepSeek 输出格式时，提供明确的转换逻辑。例如，在让 DeepSeek 生成摘要时，可以指明摘要的重点是数据分析、案例研究还是核心论点，而不是简单地让 DeepSeek 缩短篇幅。此外，在调整内容结构时，用户可以让 DeepSeek 先提供调整方案，并根据方案进行修改，而不是直接要求 DeepSeek 进行大幅度的格式转换。这样可以保证内容的逻辑性不会被破坏，提高可读性和准确性。使用 DeepSeek 的常见误区有期待一次性的完美结果、细节淹没重点或意图不明确、AI 只告诉你想听的、AI 自信地胡说八道、低估 AI 的伦理限制、不合理地调整 AI 输出格式等，需要注意规避。

除了规避常见陷阱，用户还可以通过反向思维的方式提升 DeepSeek 输出的创新性。例如，在设计提示语时，用户可以要求 DeepSeek 反向推导问题，或者从对立角度进行分析，以获取更多元的视角。这种方法不仅可以帮助用户发现盲点，也能提高 DeepSeek 生成内容的深度和多样性。

除此之外，要灵活运用任务的开放性，给 DeepSeek 自由发挥的空间。如果提示语结构过于严格，DeepSeek 可能会局限于特定模式，无法提供超出预期的创造性答案。可以提供一个清晰的框架，如要求 DeepSeek 从不同维度分析某个问题，但不直接规定每个维度的具体内容，从而让 DeepSeek 结合自身的能力进行优化。

人工智能的应用仍在快速发展，随着技术的进步，AI 的推理能力、信息整合能力和上下文理解能力都会逐步增强。然而，在当前阶段，DeepSeek 仍然需要用户的正确引导，才能充分发挥其价值。

掌握提示语设计的原则，不仅能提高 DeepSeek 的准确性，还能让 DeepSeek 成为真正高效的智能助手。

第二章

让 DeepSeek
成为你的高效助手

高效办公：会议纪要、智能周报、PPT 撰写

在职场打拼的你，是否常常为会议纪要、周报撰写和 PPT 制作而苦恼？烦琐的文字整理、复杂的数据分析以及 PPT 的设计排版，总是在不知不觉间消耗大量时间。当我们在为堆积如山的工作发愁时，是否渴望有一个神奇的工具，能瞬间理清思路，高效完成各项任务？DeepSeek 正是这样一款能改变你职场体验的智能神器。

◇◇◇ 职场会议新方式 ◇◇◇

周一早晨，公司例行会议准时开始。会议室里，键盘敲击声此起彼伏，许多同事正埋头在笔记本上快速记录重点，生怕错过任何关键信息。坐在角落的小程却显得格外轻松，他拿出手机，轻轻一点，打开录音功能，然后靠在椅背上，专心听着领导发言。

旁边的小刘注意到了，好奇地问道："你怎么不做笔记？会

议内容这么多，万一记不住怎么办？”小程笑了笑，晃了晃手机：“我直接录音，等会儿用 DeepSeek 生成会议纪要，比手写又快又准，还不会遗漏关键点。”

会议结束后，其他同事还在忙着整理笔记，梳理零散的信息，而小程已经将 DeepSeek 生成的会议纪要检查完毕，轻松地发送给团队成员。他悠闲地端起咖啡喝了一口，打开电脑准备处理下一项工作。

会议纪要秒整理，提升跟进效率！

在职场中，会议是工作沟通的核心环节，但会议记录往往杂乱冗长，导致后续执行不到位。DeepSeek 能帮助你快速整理会议纪要，从录音转文字，到关键信息的提炼，再到任务分配，全流程智能化处理，让会议成果落地更高效，跟进更顺畅。

具体步骤如下。

会议录音转文字	打开录音工具，选择“AI 语音转文字”功能
	上传会议录音，等待几秒钟，即可获得高精度的文字记录。如果会议涉及外语内容，可以一键翻译成中文或双语显示，确保所有与会者都能理解
利用 DeepSeek 整理会议纪要	打开 DeepSeek，选择“深度思考”模式
	粘贴会议内容到输入框，输入指令：“请根据以下内容整理一份结构清晰的会议纪要，包含议题、决策、待办事项和负责人。”
	DeepSeek 将自动生成结构完整的会议纪要，你只需稍作补充，如添加具体日期或人员姓名，即可直接使用
提取会议关键信息	有时候会议内容冗长，难以快速识别重点信息。DeepSeek 可帮你精准提取关键信息
	复制会议内容，在 DeepSeek 中输入：“请提取本次会议的关键决策和待办事项，并用表格列出负责人及截止时间。”
	DeepSeek 将自动生成清晰的关键信息表格，方便后续任务跟进，提高执行效率
生成任务清单	为了确保会议决策能落地执行，DeepSeek 还能智能生成任务清单
	输入指令：“请生成待办任务列表，包含任务名称、负责人和截止日期，并按照紧急程度排序。”
	DeepSeek 自动整理任务，帮助团队成员合理安排时间，确保高效完成工作
补充背景信息	如果会议纪要缺少背景信息，可能会导致参会人员对内容理解不清。而 DeepSeek 支持智能补充背景信息
	在 DeepSeek 中输入：“请为以下会议纪要补充背景信息，包括会议目的及重要性。”
	DeepSeek 会自动生成清晰的背景说明，帮助所有人员快速了解会议核心内容
一键同步至团队协作工具	为了加强团队协作，DeepSeek 支持与主流团队的协作工具，生成的会议纪要或任务清单，可以一键同步至团队的共享日程。确保所有成员实时掌握最新动态，提高团队沟通与执行效率

轻松撰写周报，让数据更具说服力

周报不仅是总结一周工作的必备工具，更是向上级展示成果、分析问题、制订计划的重要依据。但如何在短时间内写出条理清晰、逻辑严谨的周报？DeepSeek 通过智能分析和优化，帮助你快速生成标准化周报，并确保内容完整，结构清晰，让你的职场表现更上一层楼。

具体步骤如下。

快速生成标准化周报	打开 DeepSeek，进入“深度思考”模式
	在输入框中填写本周的主要工作成果、遇到的问题、需要跟进的事项等简要信息
	输入指令：“请根据以下内容，生成包含本周完成情况、问题分析和下周工作计划的标准格式周报。”
	DeepSeek 将自动生成一份专业的周报，包括详细的数据分析和工作计划，确保内容完整、条理清晰
优化周报结构	如果想让周报的呈现方式更加专业，可以进一步优化
	输入指令：“请优化周报，使其逻辑更加清晰、易于阅读。”
	DeepSeek 将重新调整结构，使信息更加简洁直观，帮助你提升职场表现

PPT 制作不再烦恼，一键生成高质量 PPT

在体验了 DeepSeek 在会议纪要和周报生成方面的强大功能后，我们将目光聚焦到另一个职场常见的难题——PPT 制作。对于很多职场人来说，制作 PPT 是一项既耗时又费力的工作，不仅要整理内容，还要考虑设计排版，常常让人感到无从下手。还有很多人面临“有内容，但不知道怎么设计”的问题。DeepSeek 为你提供了专业的一键生成 PPT 服务，短短几步即可轻松搞定。

具体步骤如下。

打开 DeepSeek，明确需求	在 DeepSeek 中输入 PPT 的主题、内容大纲和注意事项
	选择“深度思考”模式，并建议以 Markdown 格式输出，以便后续处理更方便
	示例指令：“请帮我生成一份关于 ×× 报告的 PPT，包含行业研究报告、面临的挑战和应对策略，最后以 Markdown 格式输出。”
生成并复制 Markdown 内容	输入指令后，点击“生成”按钮
	DeepSeek 会生成结构完整的 Markdown 格式内容，包括 PPT 的目录、版式建议、动画推荐等
	点击右上角的“复制”按钮，完整复制 Markdown 内容
选择模板与样式	打开 PPT 制作工具，将 Markdown 格式的内容粘贴到输入框，点击“一键生成 PPT”按钮，自动生成完整的 PPT
	选择适合演示场景的 PPT 模板，如商业风格、教育风格等
	选定模板后，点击“生成 PPT”，等待系统自动完成 PPT 的制作

PPT 的设计原则

在 PPT 的制作中，颜色和字体的选择直接影响整体效果。确定 PPT 的主题后，选择合适的色彩方案。可以尝试“logo 吸色法”，直接从公司或品牌 logo 中提取颜色，确保风格统一；或者使用“三分法”，从色轮上选取相隔 120 度的颜色组合，既和谐又有辨识度；还可以采用对比法，用强烈的颜色对比突出重点内容。总之，配色要协调，主色调要与主题气质相符，这样才能达到视觉上的统一。

字体的选择同样重要。建议尽量精简，最多不超过两种字体，以保持整体风格简洁专业。正文部分通常选择清晰易读的无衬线字体，而标题可以通过粗体或斜体来突出关键信息。在素材使用上，图片和插图的色调要与 PPT 的整体配色一致，避免视觉上的杂乱感。

排版也要简洁大方，尽量避免使用过于花哨的装饰元素。

素材的使用要适量，避免页面内容过多，造成阅读负担。处理数据图表时，可以通过颜色分组来增强数据之间的对比度，或者用粗体、斜体突出关键数据和重点文字，让观众一眼就能抓住核心信息。

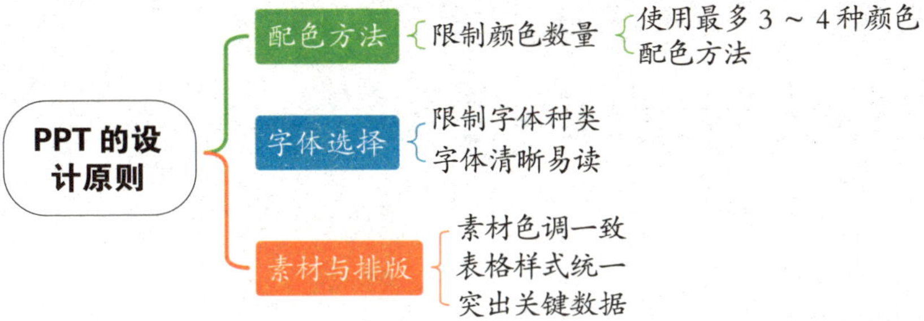

职场竞争激烈，每一分钟都弥足珍贵。DeepSeek 能提供从会议整理到 PPT 设计的全方位高效办公解决方案，让你在同样的时间里比别人更快一步。用智能工具武装自己，才能在职场上立于不败之地。现在就试试 DeepSeek，让你的工作效率飞起来！

如何利用 DeepSeek 进行内容创作与变现？

在当今内容为王的时代，个人 IP 的价值日益凸显。无论是自媒体人、短视频创作者，还是自由职业者，打造独特且高质量的内容，已经成为吸引粉丝、提升影响力，并最终与品牌方合作变现的关键。

高质量内容的创作并非易事。创作者不仅要不断生产出新鲜、有价值的内容，还要兼顾写作、绘画、视频制作等多个领域，同时还要优化 SEO，保持社交媒体活跃度，并与品牌方建立合作关系。面对如此多的挑战，如何高效地完成这些工作，成了每个创作者必须要解决的问题。

◇◇◇ 从焦虑迷茫到品牌合作 ◇◇◇

晚晚曾经是一名朝九晚五的上班族，她热爱写作，喜欢分享生活中的点滴，但繁忙的工作让她几乎没有时间去做自己喜欢的事情。终于有一天，她鼓起勇气辞去了工作。

辞职后的日子并没有她想象的那么顺利。刚开始做自媒体时，晚晚几乎什么事情都亲力亲为，从选题、写作到排版、发布，甚至还要自己设计海报、剪辑视频，每天忙得焦头烂额，但效果却不尽如人意。粉丝增长缓慢，内容阅读量也不高，她开始怀疑自己的选择是否正确。

在朋友的推荐下，她开始尝试使用 DeepSeek。她惊喜地发现，原本需要几个小时才能完成的工作，现在只需要不到半小时。随着内容质量的提升，晚晚的自媒体账号逐渐吸引了越来越多的关注。她的文章阅读量从几百涨到了几千，甚至有几篇爆款内容突破了十万⁺。

很快，品牌方也注意到了晚晚，希望合作推广他们的产品。晚晚第一次感受到了内容变现的喜悦。她根据品牌方的需求，结合自己的创意，用 DeepSeek 快速生成了一篇软文和一组宣传海报。合作内容发布后，不仅品牌方非常满意，粉丝们也纷纷表示认可。现在的她不仅生活变得更加充实，自媒体事业也蒸蒸日上。

用 DeepSeek 打造个人 IP，轻松变现

1. 头脑风暴，精准打造人设

建立个人 IP 的第一步，就是明确自己的定位和人设。你想成为一名科技博主？生活方式 KOL？还是专注于商业领域的专业人士？DeepSeek 能帮助你精准分析目标市场，并提供创作灵感，让你的品牌形象更具有辨识度。通过 AI 的智能分析，你可以快速了解当前市场的热门趋势和用户需求，从而制订出更具针对性的内容策略。

例如，你可以输入："请为一个美食个人博主提供 5 个热门内容方向。" DeepSeek 会根据当前的美食趋势和用户兴趣，生成一系列创意方向，如"健康低卡食谱分享""全球街头美食探秘""家庭快手菜教程"等。这些方向不仅符合市场需求，还能帮助你在众多美食博主中脱颖而出。

2. 生成初稿，加速高质量内容产出

你只需输入一个简单的主题或关键词，DeepSeek 便会自动生成一篇文章的框架和主要内容。通过这种方式，你可以保持稳定的更新频率，增强粉丝黏性。同时，DeepSeek 还支持 Mermaid 格式图表的生成，你只需输入需求，即可快速获得专业级的流程图代码，复

制到相应平台即可使用。

以下是使用Mermaid格式生成的自媒体内容创作流程图，涵盖选题、制作、发布和分析四个主要环节及其子步骤：

mermaid　复制

```
graph TD
    A[选题] --> A1[确定目标受众]
    A --> A2[分析热点趋势]
    A --> A3[确定内容主题]
    A --> A4[评估选题可行性]

    B[制作] --> B1[撰写脚本]
    B --> B2[拍摄/录制]
    B --> B3[剪辑与后期制作]
    B --> B4[添加字幕与特效]

    C[发布] --> C1[选择发布平台]
    C --> C2[优化标题与封面]
    C --> C3[设置发布时间]
    C --> C4[添加标签与描述]

    D[分析] --> D1[收集数据]
    D --> D2[分析播放量、互动率]
    D --> D3[评估内容效果]
    D --> D4[优化下一期内容]
```

3. 生成品牌视觉，增强个人 IP 识别度

打造个人 IP，不仅需要文字，更离不开视觉呈现。高质量的视觉内容能提升专业度，让品牌更具有吸引力，从而增加品牌方合作的可能性。DeepSeek 结合 AI 视觉工具，能帮助创作者快速生成高质量的绘画、图片、海报等视觉素材。无论是社交媒体的封面图、宣传海报，还是可视化数据图表，DeepSeek 都能为你提供符合品牌调性的视觉素材，帮助你打造统一的品牌风格。

（1）输入图片要求。

打开 DeepSeek 官网，在对话框中输入生成的图形要求。

例如，使用 HTML 做一个公众号首图，和服装、时尚相关。（要求越明确，生成的图片质量越高）

重点：一定要说明“以 HTML 格式生成思维导图的格式文本”。

使用html做一个公众号首图，和服装、时尚相关。

以下是一个简单的HTML代码示例，用于创建一个与服装、时尚相关的公众号首图。这个设计包括一个时尚的背景图片、标题和副标题，整体风格简洁大方，适合时尚类公众号使用。

（2）生成 HTML 的代码。

然后在 DeepSeek 的回复内容版面窗口的右上角找到 HTML 格式文本，并点击“复制”按钮。或者点击右下角的“运行 HTML”，直接显示图片并进行截图。

html　　复制

```html
        .cta-button:hover {
            background-color: #c0392b; /* 按钮悬停效果 */
        }
    </style>
</head>
<body>
    <div class="banner">
        <div class="overlay">
            <div class="title">时尚新潮流</div>
            <div class="subtitle">探索最新时尚趋势</div>
            <button class="cta-button">点击了解更多</button>
        </div>
    </div>
</body>
</html>
```

▶ 运行 HTML

（3）保存制作 HTML 文件。

新建一个 txt 文本文件，把前面复制的 HTML 文本粘贴进去，选择文件夹并保存，然后再把文件名的后缀由“.txt”修改为“.html”，会出现提示，点击“是”。

（4）保存图片文件。

把修改后的文件直接用浏览器打开，进行截图或者打印成 PDF 格式。

4. 规划视频内容，增强品牌传播力

短视频已经成为个人品牌营销和内容变现的重要渠道。DeepSeek 结合 AI 视频创作工具，能帮助创作者从创意策划到视频制作全流程优化，提高视频质量，吸引更多粉丝关注。无论是 60 秒的短视频，还是长达数分钟的长视频，DeepSeek 都能为你提供专业的脚本建议和制作方案。

例如，你可以输入：“请为 60 秒的理财短视频撰写完整脚本。”DeepSeek 会为你生成一个逻辑清晰、内容丰富的脚本，涵盖从开场白到结尾总结的每一个细节。通过这种方式，你可以大幅提高视频制作效率，同时确保视频内容的专业性和吸引力，增强品牌传播力。

5. SEO 优化，提高个人 IP 的曝光

有了优质内容，如何让更多人看到？SEO（搜索引擎优化）是关键。DeepSeek 可以优化内容结构、关键词分布，使文章更符合 SEO 规则，提高在搜索引擎中的可见度。

例如，DeepSeek 可以提供高搜索量的关键词建议，优化后的标题和元描述，以及相关标签和长尾关键词，让文章更容易被推荐。通过这些优化措施，你的内容能在搜索引擎中获得更高的排名，进一步提升你的个人 IP 曝光度。

AI 赋能内容变现，实现多渠道盈利

无论是写作、绘画还是视频创作，DeepSeek 都可以帮助创作者提升效率，并提供多种内容变现方式。通过 AI 生成的高质量内容，你可以在社交媒体、YouTube、公众号等平台发布，赚取广告收益。同时，随着个人 IP 影响力的提升，你还可以与品牌方合作推广，获得更多的商业合作机会。

此外，DeepSeek 还能帮助你打造知识付费内容，如在线课程、电子书等，进一步拓展变现渠道。通过 AI 生成的高质量文章、视频和视觉素材，你可以轻松制作出具有高价值的付费内容，吸引更多用户订阅和购买。

使用 DeepSeek 创作的十大好处

项目	具体内容
节省时间	大幅减少内容创作的时间，专注于创意和策略
提升创造力	通过 AI 的智能分析和创意生成，你可以获得更多灵感
提高搜索引擎优化	SEO 优化功能，提升曝光率
适用于所有类型的内容	无论是文字、图片还是视频，都能提供全方位的创作支持
帮助你保持一致	轻松保持稳定的内容更新频率，增强粉丝黏性

（续表）

项目	具体内容
提高质量	根据用户需求进行优化，确保内容的高质量
使用方便	操作界面简洁直观，没有基础的创作者也能轻松上手
支持改变内容用途	将一篇文章转化为多个社交媒体内容，提高二次利用价值
减轻压力	自动化创作工具，能大幅减少内容创作的压力
提升品牌影响力	快速提升个人品牌的影响力，吸引更多粉丝和品牌合作机会

在个人品牌竞争激烈的时代，AI 赋能的创作方式已经成为新的趋势。通过 DeepSeek，你将不再受到时间和资源的束缚，真正实现“创意无边界，变现更轻松”的目标。

旅行规划：AI 定制行程推荐，轻松游遍世界

传统旅行规划太费劲？ AI 旅行助手一站式化解

在这个全球化的时代，旅行已经成为人们拓宽视野、丰富人生阅历的重要方式。“世界那么大，我想去看看”，这句曾经风靡网络的话语，道出了无数人对远方的向往。

基于深度学习和大数据技术的 AI 旅行助手，如 DeepSeek，正悄然走进大众的生活，为旅行者们带来前所未有的便捷体验。它不仅能深度理解用户需求，还能通过实时信息整合与优化，提供个性化的旅行方案，真正实现“让每一次旅行都独一无二且便捷无忧”。

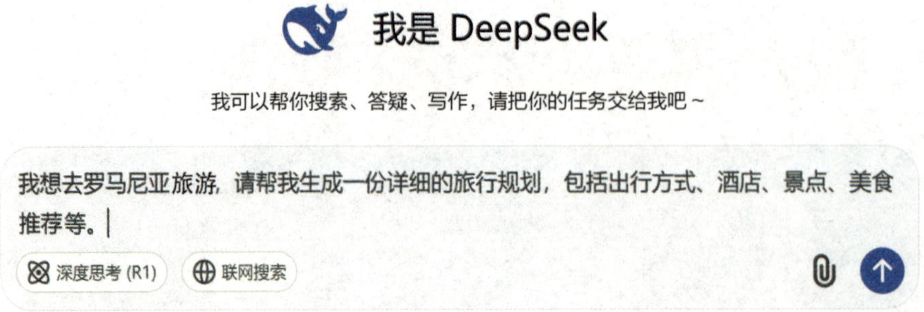

◇◇◇ AI 加持，旅行大不同 ◇◇◇

小李和小张都计划开启意大利十天之旅。小李沿用传统方式，花了两周的业余时间，在各大旅行攻略网站和论坛上搜罗信息，拼凑出一份全是热门景点的计划。比如，罗马的古罗马斗兽场、佛罗伦萨的乌菲兹美术馆、威尼斯的圣马可广场等。然而，旅行时他因不了解景点的开放时间和交通状况，常常长时间排队，想去的餐厅也不尽如人意。

小张则借助了 DeepSeek AI 旅行助手。他详细描述了自己钟情的历史文化、偏爱特色美食、追求安静舒适住宿等喜好。AI 助手迅速生成了一份专属方案：在罗马不仅安排好了热门景点，还挖掘了一些小众古迹，并根据人流数据巧妙规划了参观顺序；在美食方面则推荐了地道餐馆；住宿则选择了市中心优美且具有特色的酒店；交通方面也制订了便捷高效的路线。最终，小张惬意地享受了整个旅程，而小李却疲惫不堪，留下了不少遗憾。

这个案例充分说明，懂得借助 AI 的力量，能让旅行体验截然不同。

DeepSeek AI 旅行助手的核心功能

1. 个性化深度定制

DeepSeek 通过与用户深入对话，了解其旅行偏好，如喜欢海滨度假还是山区徒步、钟情历史文化景点还是现代娱乐场所、对住宿档次和风格的要求、饮食口味偏好等。基于这些信息，DeepSeek 能生成独一无二的旅行路线。

2. 实时信息整合与优化

DeepSeek 能实时收集旅行目的地的各类信息，包括景点开放时间的变更、交通拥堵情况、酒店房态及价格波动、当地美食节等活动信息。

3. 多语言交互与翻译

在跨国旅行中，语言障碍常常给旅行者带来困扰。DeepSeek 具备强大的多语言交互和翻译功能，不仅能以多种语言与用户交流，还能在旅行途中实现实时语音和文字翻译。无论是在餐厅点餐、向当地人问路，还是阅读景点介绍，用户只需通过语音或文字输入，就能得到准确翻译，轻松跨越语言鸿沟。

4. 智能交通规划

DeepSeek 能结合目的地的交通网络、航班高铁时刻、租车信息等，为用户规划最优出行交通方式。

例如，如果用户计划从北京前往西安旅行，它会对比飞机、高铁、自驾等不同交通方式的优缺点，考虑价格、耗时、便捷性等因素，为用户推荐最合适的方案。若选择高铁，还能帮忙预订车票，并根据抵达时间安排西安当地的接送服务或地铁公交出行建议。

AI 旅行助手特点与应用对照表

特点	核心优势	应用场景
个性化深度定制	贴合旅行者独特需求	各类主题旅行规划，如亲子游、蜜月游、文化探寻游等
实时信息整合与优化	保障行程顺畅灵活	应对突发状况，调整每日行程安排
多语言交互与翻译	打破语言壁垒	跨国旅行沟通，景点、餐厅等场景交流
智能交通规划	提供最优出行方案	跨城市、跨国旅行交通安排，含预订服务

为什么应该尽快借助 DeepSeek 规划旅行？

1. 节省时间和精力

以往规划旅行需要花费数天甚至数周查阅大量资料，如今，DeepSeek 能在短时间内完成复杂规划。例如，一位上班族计划国庆假期去日本旅行，以往可能要下班后每晚花费 2~3 小时准备，持续一周才能规划好大致行程。使用 DeepSeek，只需在周末抽出 1~2 小时与其交互，就能获得一份详细且个性化的旅行方案，包括每日行程、酒店预订、交通安排等，大大节省时间，让旅行筹备更轻松。

2. 提升旅行体验

DeepSeek 依据用户偏好定制的行程，能精准匹配用户的兴趣点，带来更丰富、深入的旅行体验。对于喜欢小众景点的旅行者，它会挖掘当地鲜为人知但极具特色的景点，如京都一些隐藏在小巷中的古老神社，避开热门景点的拥挤人群，享受独特的旅行记忆。

3. 降低旅行成本

通过实时价格监测和智能方案对比，DeepSeek 能帮用户节省费用。在预订酒店时，它可筛选出性价比最高的住宿，对比不同平台的价格，还能根据淡旺季和促销活动提醒最佳预订时机。例如，预订泰国的普吉岛酒店，它能找到在预算范围内且靠近海滩、评价良好的酒店，比用户自己盲目搜索要节省 20%~30% 的费用。

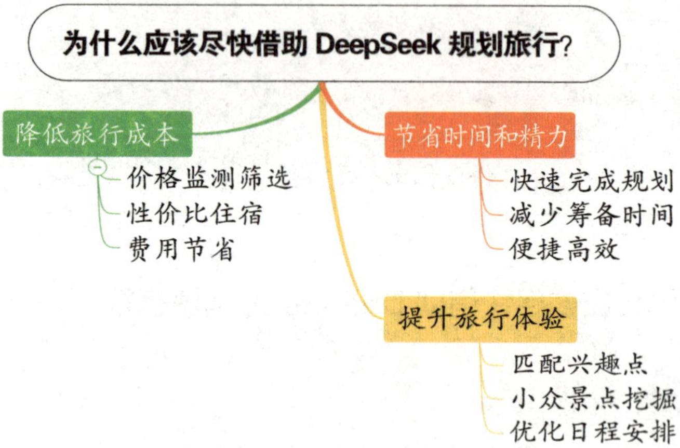

DeepSeek 旅行助手正重塑旅行规划方式，凭借其强大功能和独特优势，为旅行者打开轻松畅游世界的大门。无论你是旅行达人还是初次出行的新手，借助 AI 规划旅行，都能让旅程更精彩。

家庭助手：智能安排日常计划，提高生活效率

AI 时代下家庭生活的变革

AI 时代的浪潮正以前所未有的速度席卷而来，深刻地重塑着我们生活的方方面面。在家庭生活领域，智能化的趋势也愈发明显。以往那些烦琐的日常事务安排，如今正被智能的 AI 助手所优化，其中 DeepSeek 便是一款能为家庭生活带来巨大变革的得力工具。它如同一位贴心的家庭管家，利用先进的人工智能技术，帮助我们智能安排日常计划，极大地提高了生活效率。

◇◇◇ 智能家庭助手的应用实例 ◇◇◇

场景一　家庭日程管理

小李是一位忙碌的职场妈妈，每天除了工作还要照顾两个孩子的生活和学习。过去，她总是手忙脚乱，经常忘记孩子的课外活动或家庭聚会。后来，她开始使用 DeepSeek 的家庭助手功能，将家庭成员的日程、重要事项和待办任务输入系统。DeepSeek 会根据优先级自动生成每日计划，并通过智能提醒功能，确保小李不会遗漏任何重要事项。例如，DeepSeek 会提前提醒小李开家长会的时间，并根据交通状况建议出发时间。

场景二　家庭健康管理

小冯的父母年事已高，需要定期服药和体检。DeepSeek 的

健康助手功能可以帮助小冯记录父母的用药时间，并通过智能提醒，确保按时服药。同时，DeepSeek 还能根据小冯父母的健康数据（如血压、血糖）提供个性化建议，并在异常情况时，及时提醒小冯带父母就医。

为什么家庭需要 AI 助手？

1. 日常家务安排

在家庭中，家务分配常常是一个令人头疼的问题。DeepSeek 可以根据家庭成员的时间、能力和偏好，合理地制订家务计划。比如，它能根据家庭成员的工作和学习时间表，安排大家在都相对空闲的时间段打扫卫生。

同时，考虑到不同成员擅长的家务类型，如爸爸擅长修理家电、妈妈擅长烹饪、孩子可以帮忙整理房间等，DeepSeek 能精准地分配任务，确保家务高效完成。而且，它还能根据家庭的实际情况，灵活调整家务计划。例如，如果某一家庭成员有突发事情无法完成分配的家务，DeepSeek 会自动重新规划，将任务分配给其他有空余时间的成员，保证家庭的日常运转不受影响。

2. 日程管理与协调

家庭的日程安排往往涉及多个成员的不同活动，包括工作、学习、社交等。DeepSeek 能整合所有家庭成员的日程信息，进行智能协调。例如，它可以根据父母的工作时间、孩子的学校课程表以及家庭的社交活动安排，制订出一周的家庭日程表。

在安排过程中，充分考虑到出行时间、活动时长等因素，避免日程冲突。当家庭成员需要临时添加新的活动时，DeepSeek 能快速分析现有日程，找到合适的时间空档进行安排，同时及时通知其他相关成员。

3. 家庭活动策划

无论是周末的家庭聚会，还是节假日的外出旅行，DeepSeek 都能提供全方位的帮助。在策划家庭聚会时，它可以根据家庭成员的口味偏好，制订详细的菜单，并自动生成购物清单，方便采购食材。同时，它还能根据聚会的主题和参与人数，提供装饰、娱乐活动等方面的建议。

4. 适应家庭生活智能化趋势

随着科技的不断进步，家庭生活的智能化趋势不可阻挡。越来越多的智能设备和软件进入家庭，AI 技术在家庭中的应用也越来越广泛。从智能门锁、智能家电到家庭管理软件，掌握 AI 技能，能让我们更好地适应这些变化。

同时，掌握 AI 技能，还能帮助我们更好地保护家庭网络安全，合理设置智能设备的权限，确保家庭信息的安全。

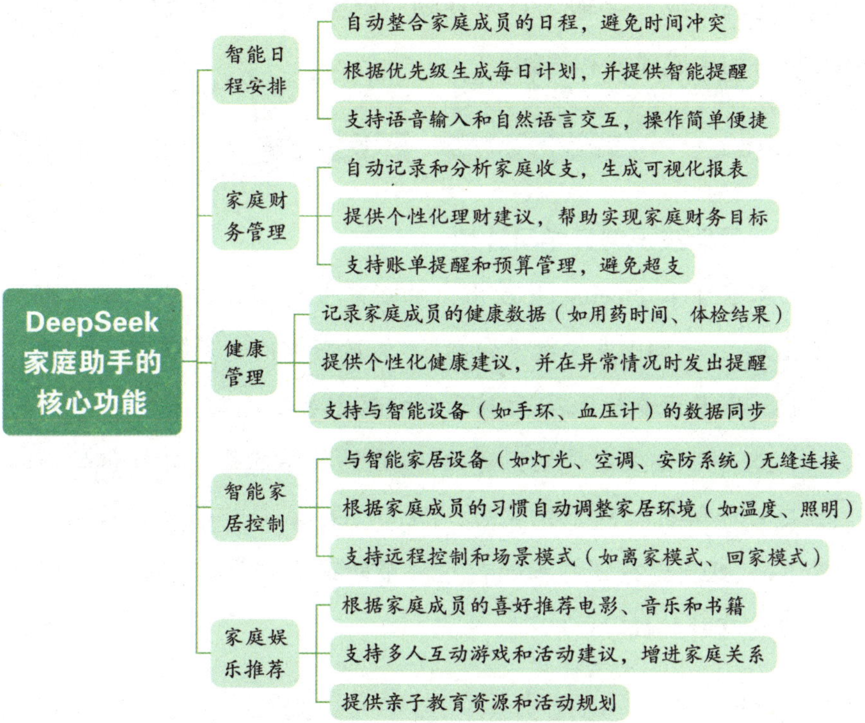

怎么使用 DeepSeek 家庭助手？

1. 下载并安装 DeepSeek 应用

在手机或平板电脑上下载 DeepSeek 应用，注册并登录账号。

2. 设置家庭成员信息

输入家庭成员的姓名、年龄、兴趣爱好等信息，以便 DeepSeek 提供个性化服务。

3. 连接智能设备

将家中的智能设备（如智能音箱、手环、灯光）与 DeepSeek 连接，实现统一控制。

4. 开始使用

通过语音或文字输入日常计划、财务目标或健康数据，DeepSeek 将自动生成建议和提醒。

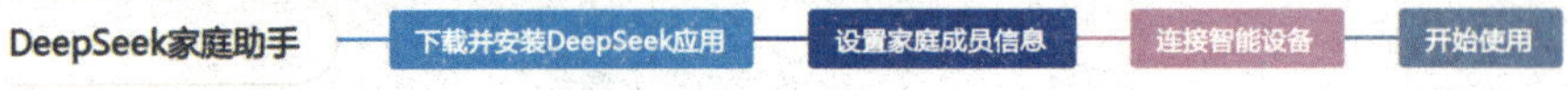

实例：帮助孩子制订学习计划

家长下载 DeepSeek 应用，注册账号。设置信息：输入孩子信息，如“10 岁，数学较弱”。然后将智能音箱与 DeepSeek 连接，家长语音输入：“为孩子制订数学学习计划。”

DeepSeek 生成计划：每天 30 分钟数学练习，并提供针对性题目和解析。孩子完成后，DeepSeek 反馈：“今天的正确率为 85%，几何部分还需加强。”这样帮助孩子数学成绩稳步提升，学习更有针对性。

情感交流与心理咨询

AI 时代的情感交流与心理咨询变革

当今社会，人们面临着各种各样的压力与情感挑战，情感交流的顺畅与否以及能否获得有效的心理咨询，对心理健康和生活质量有着至关重要的影响。随着 AI 技术的飞速发展，其在情感交流与心理咨询领域的应用也逐渐崭露头角。DeepSeek 作为一款功能强大的 AI 助手，正为这个领域带来新的机遇与变革。

AI 时代的到来，让情感交流和心理咨询的模式发生了转变。传统的情感交流局限于面对面沟通，心理咨询也依赖专业心理咨询师的一对一服务。但如今，AI 技术可以打破时间和空间的限制，提供更便捷、广泛的情感支持和心理辅导。它能快速处理大量情感数据，分析情感模式，为人们提供更精准、个性化的建议。

应对莫名恐惧、焦虑的建议

我总是感到一股莫名的恐惧、 焦虑 有时候甚至会躯体化症状，我应该怎么办？

我能感受到你正经历着一段艰难的时期，这种莫名的恐惧和焦虑确实会让人感到非常不安和困扰。你能够意识到自己的状态并寻求帮助，这已经迈出勇敢的第一步了。

面对这种情况，我建议你可以尝试以下几点：

1. 深呼吸和冥想：当感到焦虑时，试着做几次深呼吸，或者尝试简单的冥想练习，这可以帮助你平静下来。
2. 规律作息：保持规律的睡眠和饮食，适当运动，这些都有助于缓解焦虑症状。
3. 倾诉交流：与信任的朋友或家人聊聊你的感受，不要一个人承受。
4. 分散注意力：找一些你喜欢的活动来转移注意力，比如听音乐、看电影等。
5. 寻求专业帮助：如果症状持续或加重，建议你考虑寻求心理咨询或精神科医生的帮助。他们可以为你提供更专业的评估和治疗方案。

记住，你并不孤单。很多人都曾经历过类似的困扰，并最终找到了应对的方法。你愿意和我分享一下，是什么样的情况最容易引发你的焦虑感吗？也许我们可以一起探讨更具体的应对策略。

◇◇◇ 重拾生活热情 ◇◇◇

林宇是一位自由插画师，一直凭借着出色的绘画技巧维持生计。但近几个月，他陷入了严重的创作瓶颈，无论怎么努力，都难以画出令自己满意的作品。长期的自我否定和经济压力，让他变得焦虑、抑郁，甚至开始怀疑自己是否适合继续从事插画行业。

在一次网络搜索中，林宇偶然接触到 DeepSeek 的心理咨询功能。他向 DeepSeek 倾诉：“我对画画失去了热情，每一次拿起画笔都觉得无比痛苦，害怕再也画不出好作品。”DeepSeek 不仅耐心倾听，还询问了他过往创作经历、灵感来源以及日常兴趣爱好等。

基于这些交流，DeepSeek 建议林宇暂时放下画笔，去参加一些艺术展览、户外写生活动，重新感受生活中的美好事物，激发创作灵感。同时，DeepSeek 还指导林宇进行冥想练习，缓解焦虑情绪，调整心态。林宇尝试照做，在艺术展览中，他被不同风格的作品触动；户外写生时，大自然的生机也感染了他。慢慢地，创作灵感重新涌现，他也找回了对绘画的热爱，焦虑感大幅减轻。这次经历让林宇明白，DeepSeek 能在他最迷茫的时候，提供专业有效的心理咨询，帮助他走出困境。

DeepSeek 在情感交流与心理咨询中的独特价值

1. 精准的情感识别与理解

DeepSeek 拥有先进的情感识别算法，能精准解析用户语言中的情感色彩，无论是喜悦、悲伤、愤怒还是焦虑，都能准确把握。它通过对文本的语义分析，结合情感语料库，理解情感背后的深层含义。例如，当用户表达“最近感觉很累，做什么都提不起劲”时，DeepSeek 能识别出其中的疲惫和低落情绪，并进一步询问相关细节，深入了解用户的情感状态，为后续的交流和建议提供基础。这种精准的情感识别与理解能力，使得用户在与 DeepSeek 交流时，能感受到被关注和理解。

2. 个性化的咨询建议生成

基于对用户情感的精准理解，DeepSeek 运用深度学习技术，根据用户的具体情况生成个性化的咨询建议。它会综合考虑用户的年龄、性别、生活背景以及情感问题的特点，从庞大的知识体系和案例库中筛选出最适合的解决方案。比如，对于一位因工作压力产生焦虑情绪的年轻职场人，DeepSeek 可能会提供时间管理技巧、放松训练方法以及职场人际关系处理建议等，帮助用户针对性地解决问题，提升心理调适能力。

3. 24/7 不间断服务

与传统心理咨询服务不同，DeepSeek 能提供 7 天 24 小时不间断的情感交流与咨询服务。无论何时何地，只要用户有情感倾诉的需求或心理问题咨询的需求，都能立即与 DeepSeek 进行对话。这对于那些在深夜因情感困扰难以入眠，或是在紧急情况下需要心理支持的人来说，尤为重要。DeepSeek 打破了时间和空间的限制，确保用户能在第一时间获得帮助，并给予用户持续稳定的情感陪伴。

4. 知识科普与心理成长辅助

DeepSeek 不仅能解决具体的情感问题，还具备丰富的心理健康知识科普功能。它可以深入浅出地讲解各种心理现象、心理疾病的成因和预防方法，帮助用户提升心理健康意识。同时，在用户解决情感问题的过程中，DeepSeek 会引导用户进行自我反思和心理成长，通过提供相关的心理训练和实践方法，帮助用户培养积极的思维模式和应对能力，从根本上提升心理韧性，更好地应对未来生活中的各种挑战。

DeepSeek 在情感交流与心理咨询方面的特点与应用对照表

特点	核心优势	应用场景
精准情感识别与理解	准确把握情感，深入理解含义	用户情感倾诉时精准回应
个性化咨询建议生成	贴合个体情况提供方案	解决各类情感问题
24/7 不间断服务	随时提供帮助	紧急心理支持、深夜情感陪伴
知识科普与心理成长辅助	提升心理认知，助力心理成长	日常心理知识学习、自我心理调适

为什么你应该掌握 DeepSeek：情感交流与心理咨询的未来

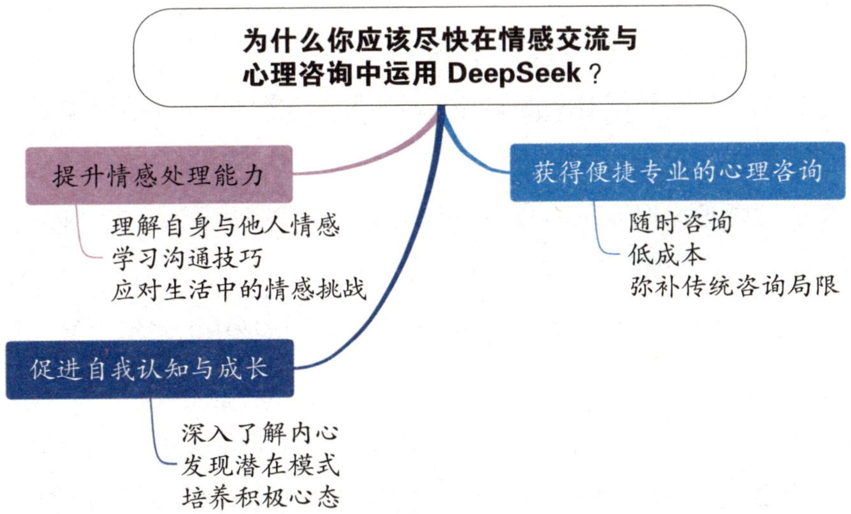

DeepSeek 在情感交流与心理咨询领域展现出了强大的功能和独特的优势，为我们应对情感问题、维护心理健康提供了新的有力工具。无论你是正在经历情感困扰，还是希望提升自己的情感交流与心理调适能力，DeepSeek 都能为你提供高效、个性化的服务。在这个快速发展的时代，学会运用 AI 技术，尤其是像 DeepSeek 这样的先进工具，将帮助我们更好地应对情感挑战，走向更健康、美好的生活。

零基础玩转 DeepSeek：情感交流与心理咨询的实用指南

1. 快速上手：DeepSeek 的基础功能

情感分析：通过简单的对话，了解 DeepSeek 如何识别和回应你的情绪。

智能对话：尝试与 DeepSeek 进行情感交流，体验其同理心和对话生成能力。

多模态表达：使用 DeepSeek 生成图像或音频，表达你的情感状态。

2. 进阶技巧：深度应用 DeepSeek

情绪日记：利用 DeepSeek 记录每天的情绪变化，生成情绪趋势分析报告。

心理辅导模拟：通过 DeepSeek 模拟心理咨询场景，学习如何应对常见的心理问题。

情感智慧提升：通过 DeepSeek 分析人际沟通中的情感信号，提升你的情感智慧。

3. 专业应用：DeepSeek 在心理咨询中的实践

心理咨询辅助：心理咨询师可以利用 DeepSeek 快速识别来访者

的情绪状态，并提供初步的辅导建议。

心理健康管理：通过 DeepSeek 生成个性化的心理健康方案，帮助用户长期管理心理健康。

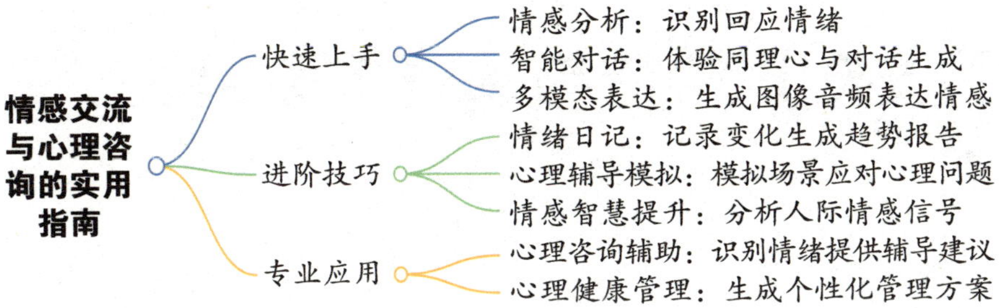

育儿知识科普与家庭教育建议

AI 时代，育儿方式正经历深刻变革

在科技飞速发展的当下，AI 已经悄然渗透到生活的各个角落，育儿领域也不例外。对于家长们而言，掌握 AI 工具，特别是像 DeepSeek 这样功能强大的助手，不仅能提升育儿效率，还能为孩子的未来发展提供新的助力。

传统育儿模式下，家长往往依赖经验和书籍获取知识，信息获取渠道有限且不够及时。如今，AI 技术为育儿带来了全新的视角和方法。例如，智能育儿设备可以实时监测孩子的健康状况，AI 教育应用能根据孩子的学习情况提供个性化学习方案。但与此同时，家长们也面临着如何筛选和有效利用这些新技术的挑战。在这个背景下，DeepSeek 作为一款综合性 AI 助手，为家长们提供了一个高效、便捷的解决方案。

◇◇◇ AI 助力，育儿更轻松 ◇◇◇

皓轩的妈妈是一位忙碌的职场女性，平时工作繁忙，陪伴孩子的时间有限。皓轩上小学后，学习任务逐渐加重，妈妈常常感到力不从心，尤其是在辅导作业时，面对孩子的各种问题，她常常不知如何解答。

一次，皓轩在数学作业中遇到了难题，妈妈尝试了几次都没能解决。这时，她想到了朋友推荐的 AI 工具 DeepSeek。她打开 DeepSeek，输入问题，DeepSeek 不仅提供了详细的解题步骤，还推荐了类似的练习题供皓轩巩固知识。皓轩通过 DeepSeek 的讲解，很快理解了题目的解法，并对数学产生了更大的兴趣。

DeepSeek 如何助力育儿知识科普

1. 智能问答，快速解决育儿难题

DeepSeek 基于先进的自然语言处理技术，能快速理解家长提出的育儿问题，并提供专业、科学的解答。无论是婴儿护理、儿童心理、营养健康，还是教育方法，DeepSeek 都能从海量数据中提取精准信息，帮助家长解决实际问题。

2. 个性化育儿方案，因材施教

DeepSeek 能根据孩子的年龄、性格特点、兴趣爱好和发展阶段，生成个性化的育儿建议。这种定制化的方案能帮助家长更好地理解孩子的需求，制订适合的教育计划。

家长可以通过 DeepSeek 了解孩子的兴趣倾向，并获取相关的培养建议。例如，如果孩子喜欢画画，DeepSeek 会推荐适合的绘画工具、在线课程或艺术活动。对于性格内向的孩子，DeepSeek 会建议家长如何通过游戏和互动帮助孩子建立自信；对于性格外向的孩子，则会提供如何引导孩子学会倾听和合作的建议。

3. 多模态内容生成，让知识更直观

DeepSeek 不仅能生成文字内容，还能结合图像、音频、视频等多种形式，让育儿知识更加直观易懂。这种多模态的内容生成方式，能帮助家长更好地理解和应用育儿知识。

家长可以通过 DeepSeek 生成图文并茂的育儿指南。例如，“如何培养孩子的情绪管理能力”或“如何帮助孩子建立良好的饮食习惯”。

DeepSeek 在育儿中的应用

功能模块	核心优势	应用场景
智能问答	快速获取专业育儿知识	解答日常育儿问题
个性化方案	定制化育儿与教育计划	制订个性化学习与成长方案
多模态内容生成	图文、音频、视频多样化内容	生成育儿指南、学习资源

DeepSeek 在家庭教育中的创新应用

1. 智能学习辅导，提升学习效率

DeepSeek 能帮助孩子解答学习中的疑难问题，提供详细的学习方法和解题思路。无论是数学、语文、英语还是科学，DeepSeek 都能根据孩子的学习需求提供个性化的辅导。

应用场景：

孩子在学习过程中遇到一道数学难题，例如，“如何求解一元二次方程”。通过 DeepSeek 输入题目或拍照上传题目，DeepSeek 识别题目后，会提供详细的解题步骤和思路。例如，“首先将方程化为标准形式,然后使用求根公式求解”。DeepSeek 会根据孩子的学习情况，推荐类似的练习题，帮助孩子巩固知识点。

2. 创意表达与写作，激发孩子潜能

DeepSeek 能提供写作灵感和修改建议，激发孩子的创造力。无论是作文、演讲还是创意项目，DeepSeek 都能提供专业的指导。

应用场景：

例如，孩子需要写一篇关于“我的梦想”的作文，但不知道如何开头。只要通过 DeepSeek 输入主题，获取相关的写作灵感和

框架建议，例如，“可以从童年的梦想故事引入，然后结合现实展开”。孩子完成初稿后，通过 DeepSeek 获取语言优化建议，例如，“将‘我很喜欢画画’改为‘绘画是我表达内心世界的方式’”。根据 DeepSeek 的建议，孩子对作文进行修改，提升文章的逻辑性和感染力。

3. 多模态学习体验，让学习更有趣

DeepSeek 支持生成图文、音频、视频等多种形式的学习资源，让学习过程更加生动有趣。这种多模态的学习体验，能激发孩子的学习兴趣，提高学习效率。

应用场景：

家长可以利用 DeepSeek 生成适合孩子观看的科普视频。例如，“太阳系的奥秘”或“动物的生活习性”。

DeepSeek 在教育中的应用

功能模块	核心优势	应用场景
智能学习辅导	提供学习建议与解题思路	课后辅导与作业帮助
创意表达	激发创造力与表达能力	写作、演讲与创意项目
多模态学习体验	生动有趣的学习资源	科普视频、互动游戏

为什么家长应该尽快掌握 DeepSeek？

1. 提升育儿效率，减轻负担

掌握 DeepSeek 这样的 AI 工具，家长能获取更科学、全面的育儿知识，为孩子提供更优质的成长环境。例如，在孩子的营养饮食方面，DeepSeek 可以根据孩子的年龄、身体状况制订个性化食谱，

确保孩子获得充足且均衡的营养，从而提升育儿质量，助力孩子健康成长。

2. 适应未来教育趋势，抢占先机

随着教育领域不断引入 AI 技术，未来的教育模式将发生巨大变化。家长提前掌握 AI 工具，能更好地引导孩子适应这种变革。比如，帮助孩子利用 AI 工具进行学习，培养孩子的自主学习能力和对新技术的应用能力，让孩子在未来的教育竞争中占据优势。

3. 培养孩子的 AI 思维与创新能力

DeepSeek 可以帮助孩子接触 AI 技术，培养他们的逻辑思维、创造力和解决问题的能力。家长可以利用 DeepSeek 引导孩子进行编程学习、创意设计或科学探索，为他们的未来打下基础。

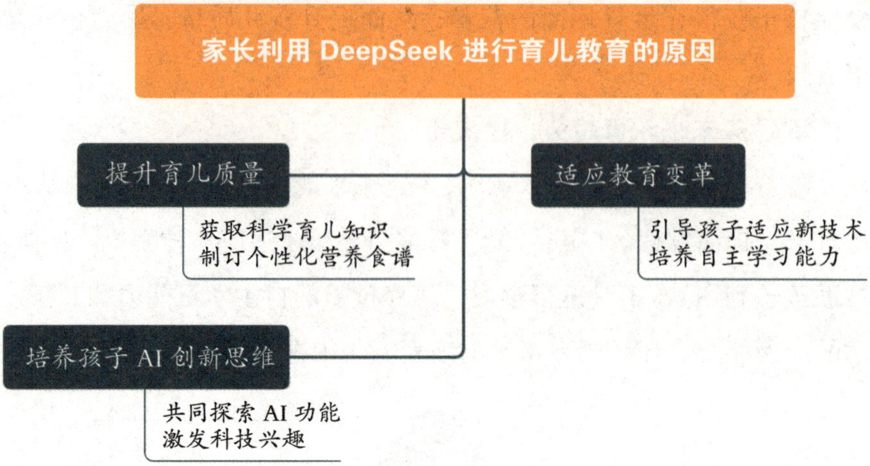
家长利用 DeepSeek 进行育儿教育的原因
提升育儿质量
获取科学育儿知识
制订个性化营养食谱
适应教育变革
引导孩子适应新技术
培养自主学习能力
培养孩子 AI 创新思维
共同探索 AI 功能
激发科技兴趣

第三章

各行各业如何用 DeepSeek 提升生产力？

互联网与科技行业：程序员如何用 AI 提升代码效率？

AI 时代下程序员面临的挑战与机遇

在互联网与科技行业，程序员的工作效率直接影响项目的进度和质量。随着人工智能（AI）技术的快速发展，AI 已经成为程序员提升代码效率的得力助手。

DeepSeek 是一款功能强大、易于使用的 AI 助手，凭借其先进的模型架构、开源策略、多模态融合能力和广泛的应用场景，正在成为程序员提升代码效率的明星产品。无论你是初学者还是资深程序员，DeepSeek 都能为你提供高效、精准的服务。

◇◇◇ 从代码生成到系统架构的创新之路 ◇◇◇

小李是一名资深程序员，最近接手了一个复杂的电商平台开发项目。按照传统方式，他需要花费大量时间手动编写基础代码框架。然而，这次他决定尝试一种新方法——利用 AI 工具 DeepSeek 自动生成代码。

小李在 DeepSeek 中输入了项目的基本需求，短短几分钟内，AI 就生成了一个完整的基础代码框架，包括用户管理、商品展示、订单处理等模块。这为他节省了近一周的时间。利用这些时间，小李将精力投入系统架构的设计中。他深入分析了业务需求，设计了一个高可用、可扩展的微服务架构，并提出了多项创新性建议。例如，引入智能推荐系统和实时数据分析模块。

项目完成后，团队对小李的工作赞不绝口。他不仅按时交付了高质量的系统，还通过创新设计为平台带来了更多商业价值。小李的成功也让团队意识到 AI 工具的巨大潜力，大家纷纷开始学习并应用 DeepSeek，整个团队的工作效率得到了显著提升。

DeepSeek 在代码编写中的应用

1. 补全智能代码

DeepSeek 具备强大的自然语言处理能力，能够理解程序员的编码意图，提供智能代码补全建议。例如，当程序员输入部分代码时，DeepSeek 可以自动补全剩余部分，减少了手动输入的时间。

2. 代码生成

DeepSeek 可以根据程序员的需求，自动生成特定功能的代码片段。例如，程序员只需描述所需功能，DeepSeek 即可生成相应的代码，大大缩短开发时间。

3. 代码模板

DeepSeek 提供丰富的代码模板，涵盖各种编程语言和框架。程序员可以根据项目需求，快速选择合适的模板，避免从零开始编写代码。

DeepSeek 在代码调试中的应用

1. 自动错误检测

DeepSeek 能实时分析代码，自动检测潜在的错误和漏洞。例如，程序员编写 Python 代码时，误将 print 写为 prin。DeepSeek 实时提示："语法错误。未定义的名称 'prin'，是否应为 'print'？"程序员立即修正，避免运行时错误。

2. 智能调试建议

DeepSeek 不仅能检测错误，还能提供智能调试建议。例如，程序运行时抛出异常提示："IndexError：list index out of range"。DeepSeek 分析后提示："异常原因：尝试访问空列表的索引。建议在访问前检查列表长度。”程序员根据建议添加判断条件，问题解决。

3. 代码优化建议

DeepSeek 能分析代码的性能瓶颈，提供优化建议。例如，程序员使用冒泡排序算法处理大规模数据，运行速度较慢。DeepSeek 分析后提示：“性能瓶颈：冒泡排序时间复杂度较高。建议改用快速排序，时间复杂度从 $O(n^2)$ 降至 $O(n\log n)$。”程序员替换算法后，代码执行效率显著提升。

DeepSeek 在代码优化中的应用

1. 代码重构

DeepSeek 可以帮助程序员进行代码重构，提升代码的可读性和可维护性。例如，DeepSeek 可以自动识别重复代码，并建议将其提取为函数或模块。

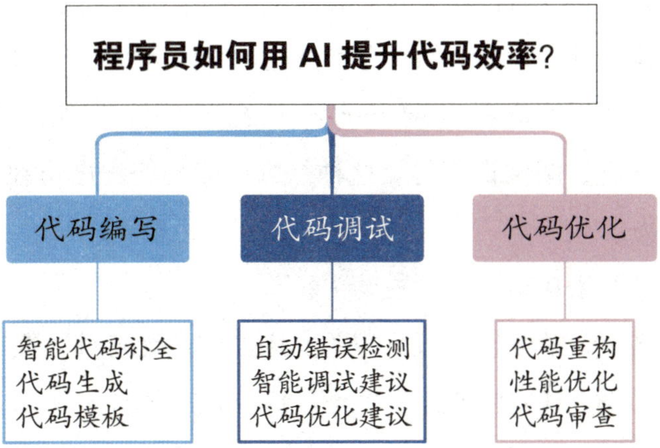

2. 性能优化

DeepSeek 能分析代码的性能，提供优化建议。例如，DeepSeek

可以建议使用并行计算、缓存等技术，提升代码的执行速度。

3. 代码审查

DeepSeek 可以自动进行代码审查，确保代码符合最佳实践和编码规范。例如，DeepSeek 可以检查代码的命名规范、注释完整性等，帮助程序员编写高质量的代码。

为什么程序员应该尽快掌握 AI 技能？

1. 从“工具使用者”到“工具创造者”

传统程序员更多是工具的“使用者”，专注于编写代码、调试程序、优化性能等任务。而 AI 技术的出现，让程序员有机会成为“工具创造者”。通过掌握 AI 技能，程序员可以开发出更智能的工具和系统。例如，自动化测试工具、智能代码生成器、个性化开发助手等。

2. 从“单一技能”到“复合型人才”

随着 AI 技术的普及，企业对程序员的要求不再局限于编程能力，而是希望他们具备跨领域的复合型技能。掌握 AI 技能的程序员，不仅能编写代码，还能利用 AI 技术解决复杂问题。例如，数据分析、自然语言处理、图像识别等。这种复合型能力使程序员在职场中更具有竞争力。

3. 从“被动应对”到“主动创新”

在传统开发模式中，程序员更多是“被动应对”需求，根据产品经理或客户的要求编写代码。而 AI 技术的出现，让程序员有机会“主动创新”。通过 AI 技术，程序员可以挖掘数据中的潜在价值，提出新的产品功能或优化方案，甚至推动整个行业的技术变革。

4. 从“重复劳动”到“创造性工作”

AI 技术可以自动化处理大量重复性任务。例如，代码生成、错误检测、性能优化等。掌握 AI 技能的程序员可以将这些任务交给 AI 完成，从而将更多时间投入创造性工作中。例如，系统架构设计、技术创新、产品规划等。这种转变不仅提高了工作效率，还让程序员的工作更具成就感。

5. 从“技术跟随者”到“技术引领者”

AI 技术正在重塑互联网与科技行业的竞争格局，掌握 AI 技能的程序员有机会从“技术跟随者”转变为“技术引领者”。通过深入理解 AI 技术，程序员可以开发出具有颠覆性的产品或解决方案，甚至引领行业的技术发展方向。

程序员掌握 AI 技能的多重价值

功　能	应用场景
角色转变	从工具使用者到工具创造者 从被动应对到主动创新
能力提升	从单一技能到复合型人才 从重复劳动到创造性工作
职业发展	从技术跟随者到技术引领者 从个人成长到团队赋能
长期价值	短期收益与长期价值并存 技术生态中的核心竞争力

AI+ 企业管理：招聘优化、绩效考核、决策支持

AI 时代的企业管理新范式

人工智能（AI）正在重塑企业管理的方式。从招聘到绩效考核，再到战略决策，AI 技术正在帮助企业提升效率、降低成本、增强竞争力。DeepSeek 作为一款功能强大的 AI 助手，凭借其先进的自然语言处理、多模态能力和开源策略，正在成为企业管理者的得力工具。

◇◇◇ AI 助力招聘，效率与质量双提升 ◇◇◇

某互联网公司在过去几年快速扩张，但招聘效率却一直是个难题。HR 团队每天需要处理数百份简历，筛选时间长达 10 小时以上，且常常因为主观判断而错过优秀人才。

后来，公司引入 DeepSeekAI 招聘助手。HR 经理李琳第一次使用 DeepSeek 时，只需上传岗位需求和简历文件，系统便

在几分钟内完成了筛选，并生成了匹配度报告。李琳惊讶地发现，DeepSeek 不仅快速筛选出了高匹配度的候选人，还通过 AI 面试助手模拟了初试场景，评估了候选人的表达能力和逻辑思维。

结果令人惊喜：简历筛选时间从 10 小时缩短至 2 小时，面试通过率提升了 20%。更让李琳欣慰的是，公司成功招聘到了几位高潜力人才，其中一位新员工在入职后就带领团队完成了关键项目，成为公司的明星员工。

招聘优化：AI 助力精准选才

1. 传统招聘的痛点

（1）效率低下：HR 需要手动筛选大量简历，耗时耗力，且容易遗漏优秀人才。

（2）主观性强：面试官的偏好和情绪可能影响招聘结果的公平性。

（3）数据孤岛：招聘数据分散在不同系统中，难以形成统一的人才库，导致资源浪费。

2. DeepSeek 如何优化招聘流程

（1）智能简历筛选。

DeepSeek 通过自然语言处理（NLP）技术，快速解析简历内容，提取关键信息（如学历、工作经验、技能等），并与岗位需求进行精准匹配。例如，HR 只需上传岗位描述和简历文件，DeepSeek 即可自动生成匹配度报告，推荐最合适的候选人，筛选效率提升 80%，减少人为错误。

（2）AI 面试助手。

DeepSeek 可以模拟面试场景，通过语音识别和情感分析技术，评估候选人的表达能力、逻辑思维能力和情绪稳定性。例如，AI 面试助手可以提出预设问题，分析候选人的回答内容和语气，生成客观的面试报告，减少面试官的主观偏差，提升招聘公平性。

（3）人才库管理。

DeepSeek 能自动归档和分析候选人数据，形成动态人才库。例如，企业可以将历年招聘数据导入 DeepSeek，系统会自动分类存储，并在未来招聘时优先推荐高潜力候选人，提升人才资源的利用率，降低招聘成本。

DeepSeek 如何优化招聘流程

模块	功能	优势	应用场景
智能简历筛选	NLP 技术解析简历，提取关键信息，匹配岗位需求	筛选效率提升 80%，减少人为错误	大规模招聘、校园招聘
AI 面试助手	模拟面试场景，语音识别 + 情感分析，评估候选人能力	减少主观偏差，提升招聘公平性	初筛面试、远程面试
人才库管理	自动归档 + 分析候选人数据，形成动态人才库	提升人才利用率，降低招聘成本	长期招聘规划、人才储备

绩效考核：AI 赋能公平高效

1. 传统绩效考核的挑战

主观偏差：管理者评分可能受到个人情感影响，导致考核结果不公平。

数据不全面：仅依赖 KPI 指标，难以全面反映员工的实际贡献。

反馈滞后：考核周期长，员工难以及时调整工作表现。

2. DeepSeek 如何提升绩效考核

（1）多维度数据分析。

DeepSeek 可以整合员工的工作数据（如任务完成率、项目贡献、团队协作等），生成全面的绩效报告。例如，系统会自动分析员工在项目中的参与度、创新性和领导力，提供多维度的评分，避免单一指标评价，全面反映员工表现。

（2）实时反馈机制。

DeepSeek 能实时监测员工表现，提供改进建议。例如，系统会分析员工的工作效率和质量，发现潜在问题并及时提醒，帮助员工及时调整工作状态，提升整体效率。

（3）公平性保障。

DeepSeek 基于客观数据生成评分，减少人为干预。例如，系统

DeepSeek 如何提升绩效考核

模　块	功　能	优　势	应用场景
多维度数据分析	整合任务完成率、项目贡献、团队协作等数据，生成全面绩效报告	避免单一指标评价，全面反映员工表现	年度考核、项目评估
实时反馈机制	实时监测员工表现，提供改进建议	帮助员工及时调整，提升整体效率	日常管理、团队协作
公平性保障	基于客观数据生成评分，减少人为干预	提升考核公平性和透明度	晋升评估、奖金分配

会根据员工的实际工作数据自动生成考核结果，避免管理者主观评分，提升考核的公平性和透明度。

决策支持：AI 驱动科学决策

1. 企业管理决策的痛点

（1）信息过载：海量数据，难以快速提取有效信息，导致决策效率低下。

（2）预测不准：传统分析方法难以应对市场复杂变化，导致决策失误。

（3）决策滞后：管理层反应速度慢，错失市场机会。

2. DeepSeek 如何支持科学决策

（1）智能数据分析。

DeepSeek 能快速处理企业内外部数据（如市场趋势、竞争对手动态、财务数据等），生成可视化报告。例如，系统会自动分析市场数据，生成趋势图表和关键指标，帮助管理者快速掌握信息，提升数据分析效率，支持快速决策。

（2）预测与模拟。

DeepSeek 基于机器学习算法，能预测市场变化、客户需求等，并提供多种决策方案的模拟结果。例如，系统可以模拟不同营销策略的效果，帮助管理者选择最优方案，提升决策的科学性和精准度。

（3）实时决策支持。

DeepSeek 可以实时监测企业运营数据，发现潜在风险并提供预警。例如，系统会分析销售数据和库存水平，提醒管理者调整生产计划，帮助企业快速响应市场变化，降低风险。

DeepSeek 如何支持科学决策

模　块	功　能	优　势	应用场景
智能数据分析	快速处理内外部数据，生成可视化报告	提升数据分析效率，支持快速决策	市场分析、财务规划
预测与模拟	基于机器学习预测市场变化，模拟决策方案	提升决策科学性和精准度	战略规划、风险管理
实时决策支持	实时监测运营数据，提供风险预警	快速响应市场变化，降低风险	运营管理、供应链优化

零基础玩转 DeepSeek：企业应用快速上手指南

1. 怎么使用 DeepSeek

访问 DeepSeek 官网，注册账号并登录。

选择应用场景：根据需求选择招聘优化、绩效考核或决策支持模块。

上传数据：将企业相关数据（如简历、绩效记录、市场数据）上传至 DeepSeek 平台。

2. 常用功能操作演示

简历筛选：上传岗位需求，批量导入简历，DeepSeek 自动生成匹配度报告。

绩效分析：导入员工工作数据，DeepSeek 生成多维度绩效评分和改进建议。

决策模拟：输入市场数据，DeepSeek 提供预测结果和决策方案。

AI 在医疗领域的应用：数据分析、病历整理、智能诊断

AI 正在重塑医疗的未来

人工智能（AI）不再是科幻电影中的概念，它已经悄然渗透到医疗领域的每一个角落，成为推动行业变革的核心力量。从海量数据的精准分析到病历的自动化整理，再到辅助医生进行智能诊断，AI 正在以惊人的速度改变着医疗行业的工作方式。

然而，AI 并不是为了取代医生，而是成为医生的“超级助手”，帮助医疗工作者从烦琐的重复性任务中解放出来，将更多精力投入患者护理和医疗决策中。在这场变革中，掌握 AI 工具不仅是一种技能，更是一种思维方式的升级。

◇◇◇ AI 助力医院实现精准疾病预测 ◇◇◇

某市一家中型医院，近年来面临患者数量激增和医疗资源紧

张的问题。为了提升服务质量，医院决定引入 AI 技术优化疾病预测和预防工作。在 DeepSeek 发布后，他们选择 DeepSeek 作为数据分析工具。

医院首先将过去五年的患者数据导入 DeepSeek，包括病史、生活习惯、基因数据等多维度信息。DeepSeek 利用其混合专家（MoE）架构，快速处理了数百万条记录，并从中提取出关键的健康风险因素。例如，系统发现在糖尿病患者中，血糖波动较大的患者更容易出现并发症。基于这一发现，医院为高风险患者制订了个性化的预防措施，包括定期监测和饮食调整建议。

此外，DeepSeek 还能帮助医院实时分析全球流行病数据，提前预警可能的疫情风险。

DeepSeek 在医疗领域的应用

1. 数据分析：从海量数据中挖掘价值

疾病预测与预防：通过分析患者的病史、生活习惯、基因数据等多维度信息，AI 可以预测疾病风险，帮助医生提前制订预防措施。例如，AI 可以通过分析糖尿病患者的血糖数据，预测并发症的发生概率。

药物研发：传统的药物研发周期长、成本高，而 AI 可以通过分析大量化合物数据，快速筛选出潜在的药物候选分子，显著缩短研发时间。

流行病监测：AI 可以实时分析全球范围内的医疗数据，帮助公共卫生部门快速发现疫情趋势，及时采取防控措施。

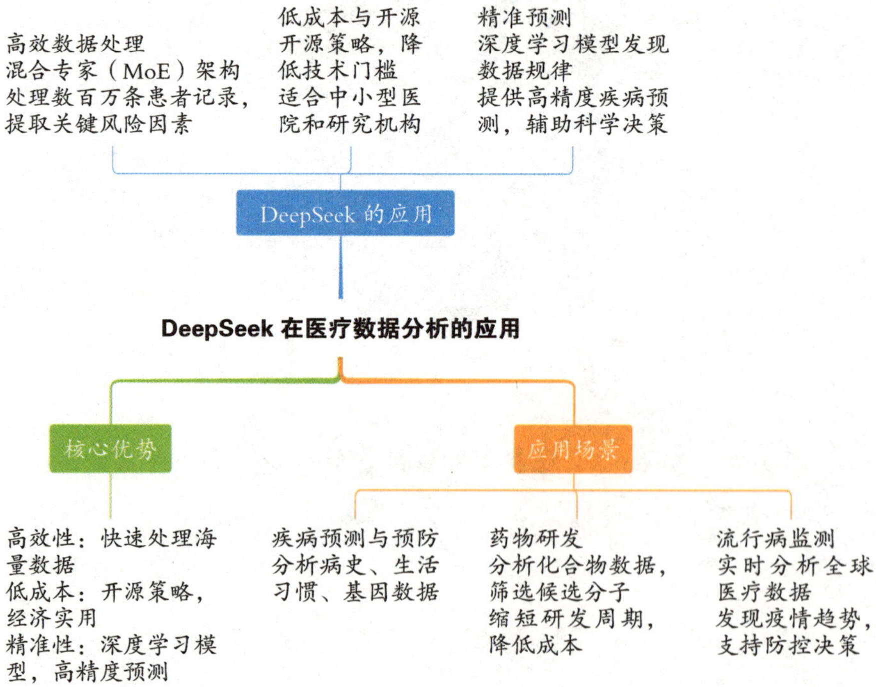

2. 病历整理：从烦琐到高效

电子病历管理：传统的病历整理需要大量人力，而 AI 可以自动将纸质病历转化为电子格式，并进行分类和归档，大幅减少医生的工作负担。

病历分析：AI 可以通过自然语言处理（NLP）技术，从病历中提取关键信息，如患者的病史、用药记录、过敏史等，帮助医生快速了解患者情况。

跨机构数据共享：AI 可以将不同医疗机构的病历数据进行标准化处理，实现跨机构的数据共享，提高医疗服务的连续性。

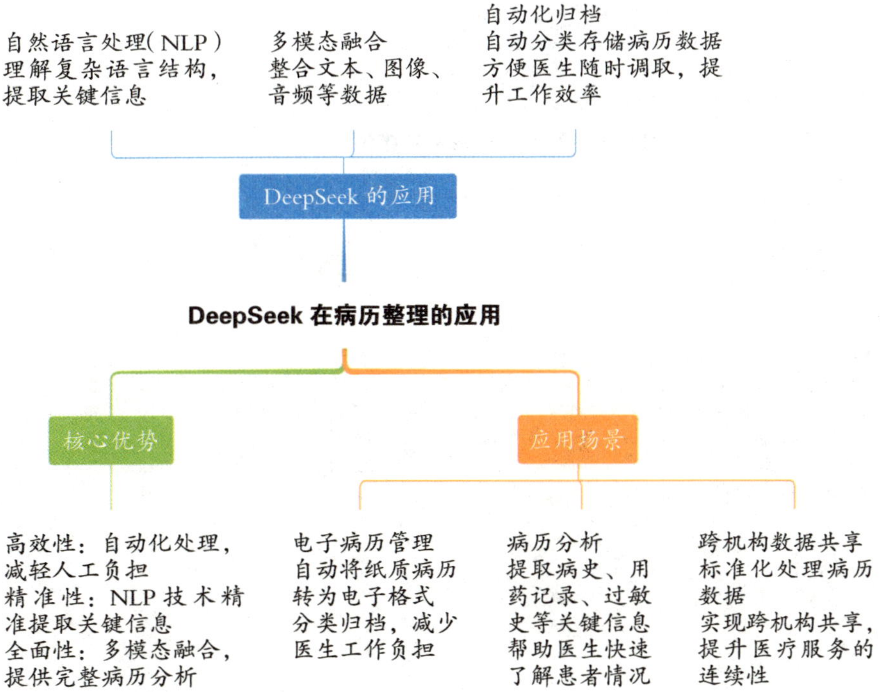

3. 智能诊断：AI 辅助医生做出更精准的决策

影像诊断：AI 可以通过分析医学影像（如 X 线片、CT 扫描、

MRI）辅助医生进行疾病诊断。例如，AI 可以自动识别肺癌早期的微小病灶，帮助医生尽早发现病情。

病理分析：AI 可以自动分析病理切片中的细胞形态，识别出异常细胞，提高病理诊断的准确性和效率。

症状分析：AI 可以根据患者的症状和病史，提供初步的诊断建议，帮助医生快速做出决策。

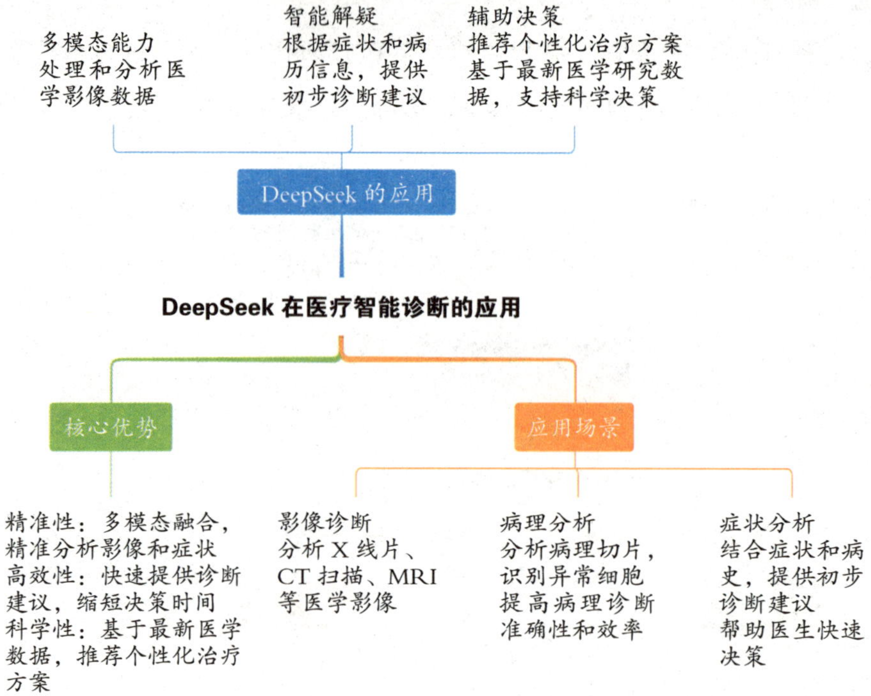

金融与投资：如何用 AI 进行数据分析与决策辅助？

AI 在金融与投资领域的变革

在过去的几年间，AI 在金融与投资领域的应用呈爆发式增长。从风险评估到投资组合优化，从市场趋势预测到智能投资，AI 技术已广泛渗透到金融行业的各个环节。传统金融机构正积极引入 AI 技术，以提升运营效率、降低风险、增强客户服务质量。

然而，AI 的广泛应用也带来了新的挑战。金融市场的复杂性和不确定性，对 AI 模型的准确性和适应性提出了极高的要求。如何有效地利用 AI 技术，从海量的金融数据中挖掘有价值的信息，成为摆在金融从业者和投资者面前的重要课题。

◇◇◇ 自动化交易的逆袭 ◇◇◇

某对冲基金的年轻分析师李明，一直对传统交易模式感到不满。手动分析市场数据、执行交易不仅效率低下，还容易因情绪波动导致失误。在一次行业峰会上，他了解到 AI 的自动化交易功能，决定尝试引入 AI 工具。

李明将 AI 与基金交易系统集成，并设定了基于历史数据和市场趋势的交易策略。AI 迅速展现出强大的数据处理能力，既能实时分析海量市场信息，精准预测价格波动，又能自动执行买卖操作。短短一个月内，交易效率提升了 40%，错误率几乎降为零。

更令人惊喜的是，AI 还发现了几个被忽视的投资机会，帮助基金在低迷市场中逆势盈利。年终总结时，该基金的收益同比提升了 25%，李明也因此被晋升为交易主管。

DeepSeek 在金融与投资中的应用场景

1. 市场趋势分析

DeepSeek 可以通过分析大量的市场数据，识别出潜在的市场趋势和投资机会。例如，它可以分析股票价格、交易量、新闻 Sentiment 等数据，预测市场的未来走势。

2. 风险评估与管理

DeepSeek 可以帮助投资者进行风险评估和管理。通过分析历史数据和市场波动，DeepSeek 可以预测潜在的风险，并提供相应的风险管理策略。

DeepSeek 在金融与投资中的应用

功　能	应用场景
市场趋势分析	分析股票价格、交易量、新闻 Sentiment 预测市场未来走势
风险评估与管理	分析股票价格、交易量、新闻 Sentiment 预测市场未来走势
投资组合优化	分析历史数据与市场波动 提供风险管理策略
自动化交易	与交易系统集成 自动执行买卖操作，提高效率与准确性

3. 投资组合优化

DeepSeek 可以根据投资者的风险偏好和投资目标，自动优化投资组合。它可以通过分析各种资产的历史表现和相关性，推荐最优的资产配置方案。

4. 自动化交易

DeepSeek 可以与自动化交易系统集成，实现智能交易。它可以根据预设的交易策略，自动执行买卖操作，提高交易效率和准确性。

DeepSeek 的核心功能与优势

1. 先进的混合专家（MoE）架构

DeepSeek 采用混合专家（MoE）模型架构，能高效处理复杂的金融数据。例如，DeepSeek-V3 的参数规模高达 6710 亿（671B），但实际推理时仅激活 370 亿（37B）参数，这使得它在处理大规模数据时表现出色，同时降低计算成本。

2. 开源策略与低成本优势

DeepSeek 的开源策略使得全球研究者和开发者能自由访问和使用其模型。此外，DeepSeek 的训练成本相对较低。例如，DeepSeek-V3 的训练仅需 280 万 GPU 小时，总成本约为 557.6 万美元，这使得它更适用于中小企业和研究机构。

3. 多模态融合能力

DeepSeek 不仅限于文本处理，还具备强大的多模态融合能力，能处理图像、音频、视频等多种数据类型。例如，它可以分析金融新闻中的图像和视频内容，提供更全面的市场分析。

4. 强大的自然语言处理能力

DeepSeek 在自然语言处理（NLP）方面表现出色，能理解复杂的金融文本，生成流畅、准确的分析报告。无论是撰写投资报告、翻译金融文献，还是进行对话，DeepSeek 都能提供高质量的输出。

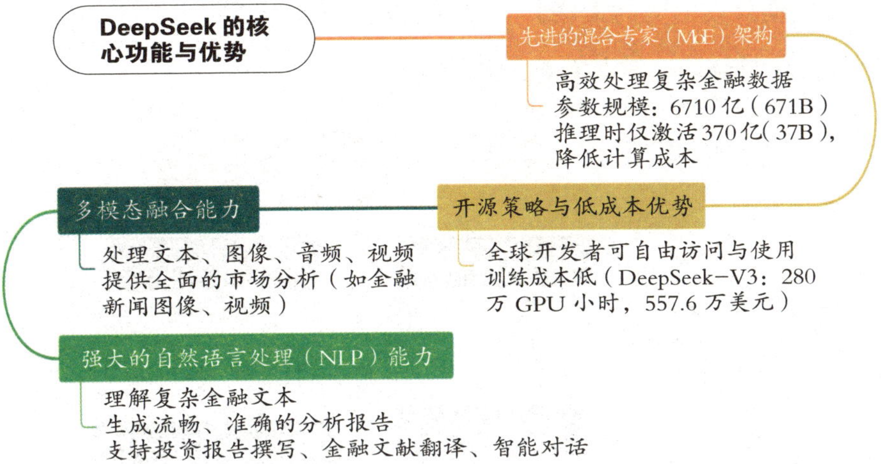

如何使用 DeepSeek 进行数据分析与决策辅助

1. 数据收集与预处理

首先，收集相关的金融数据，包括股票价格、交易量、财务报表、新闻 Sentiment 等。然后，使用 DeepSeek 进行数据预处理，包括数据清洗、归一化、特征提取等。

2. 模型训练与优化

使用 DeepSeek 的 MoE 架构进行模型训练。根据具体的任务需求，选择合适的子模型进行训练。例如，对于市场趋势预测任务，可以选择专门用于时间序列分析的子模型。

3. 结果分析与决策辅助

训练完成后，使用 DeepSeek 进行结果分析。例如，它可以生成市场趋势预测报告、风险评估报告、投资组合优化建议等。根据这些分析结果，投资者可以做出更明智的决策。

4. 自动化交易与实时监控

将 DeepSeek 与自动化交易系统集成，实现智能交易。DeepSeek

可以根据预设的交易策略，自动执行买卖操作。同时，它还可以实时监控市场动态，及时调整交易策略。

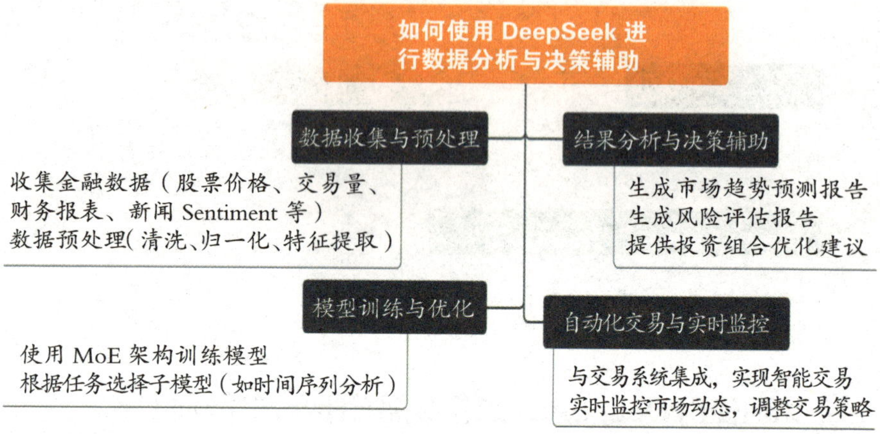

第四章

DeepSeek 生态的无限可能，AI 时代的新机遇

如何在“AI+”时代，用 DeepSeek 提升技能？

在“AI+”时代，掌握 DeepSeek 并运用 AI 思维，是提升个人技能、适应时代发展的关键。通过对 DeepSeek 的基础认知、零基础入门学习，以及在专业技能提升和协同工作中的应用，我们能够充分发挥 DeepSeek 的优势，实现个人能力的快速提升和职业发展的突破。

DeepSeek 的应用场景

教育学习：学生可以利用 DeepSeek 辅助学习，通过智能对话功能询问学科知识，让其帮忙解析难题；使用翻译功能进行外语学习，快速准确地翻译文章和句子；借助创意写作功能来润色作文，提高写作水平。

职场办公：职场人士在工作中，可运用 DeepSeek 进行数据分析、撰写报告等；利用其高效编程功能辅助完成代码编写任务；通过智能解疑功能，解决工作中遇到的技术问题或流程困惑……大大提升了工作效率和质量。

内容创作：对于自媒体创作者、文案策划人员等，DeepSeek 的创意写作功能能提供灵感和素材，帮助生成吸引人的标题、文案内容；多模态融合能力还可用于生成图像描述，为图文创作提供便利。

DeepSeek 的核心功能与技能提升方向

1. 智能对话与沟通能力

功能：DeepSeek 能进行自然语言对话，理解用户意图并提供精准回答。

技能提升方向：高效沟通，利用 DeepSeek 模拟对话场景，提升表达能力和逻辑思维；语言学习，通过与 DeepSeek 对话，练习外语口语和写作。

实操步骤：

（1）打开 DeepSeek 对话功能，输入你想练习的话题（如“如何做一场精彩的演讲”）。

（2）根据 DeepSeek 的回答，优化自己的表达方式。

（3）尝试用外语与 DeepSeek 对话，提升语言表达能力。

2. 精准翻译与跨文化能力

功能：支持多语言翻译，保留原文语气和风格。

技能提升方向：翻译能力，利用 DeepSeek 练习翻译技巧，提升语言转换能力；跨文化理解，通过翻译不同语言的文本，了解文化差异。

实操步骤：

（1）输入一段中文文本，让 DeepSeek 翻译成英文或其他语言。

（2）对比自己的翻译结果与 DeepSeek 的翻译，学习优化。

（3）尝试翻译专业领域的内容（如法律、科技），提升专业翻译能力。

3. 创意写作与内容创作

功能：根据上下文生成连贯、自然的文本。

技能提升方向：写作能力，利用 DeepSeek 生成文章框架，提升写作效率；创意激发，通过 DeepSeek 的创意建议，拓展写作思路。

实操步骤：

（1）输入一个主题（如“AI 对未来的影响”），让 DeepSeek 生成文章大纲。

（2）根据大纲补充内容，优化语言表达。

（3）使用 DeepSeek 的创意功能，生成不同风格的文案，提升创作多样性。

4. 高效编程与技术支持

功能：提供代码生成、调试和优化建议。

技能提升方向：编程能力，利用 DeepSeek 学习编程语言，提升代码编写效率；问题解决，通过 DeepSeek 的智能解疑功能，快速解决技术难题。

实操步骤：

（1）输入编程问题（如“如何用 Python 实现数据可视化”），获取 DeepSeek 的代码示例。

（2）根据示例修改和优化代码，提升编程能力。

（3）使用 DeepSeek 调试代码，学习如何快速定位和解决问题。

5. 数据分析与决策能力

功能：提供数据分析和智能解疑功能。

技能提升方向：数据分析，利用 DeepSeek 分析数据，提升数据解读能力；决策支持，通过 DeepSeek 的智能建议，优化决策流程。

实操步骤：

（1）输入数据集或问题（如“如何分析销售数据”），获取 DeepSeek 的分析建议。

（2）根据建议制作数据可视化图表，提升数据分析能力。

（3）使用 DeepSeek 生成决策报告，优化决策流程。

DeepSeek 核心功能与技能提升方向

核心功能	技能提升方向	实操步骤
智能对话	高效沟通、语言学习	输入话题，练习表达 优化表达方式 外语对话提升语言能力
精准翻译	翻译能力、跨文化理解	输入文本获取翻译 对比优化翻译结果 翻译专业内容，提升专业能力

（续表）

核心功能	技能提升方向	实操步骤
创意写作	写作能力、创意激发	输入主题生成大纲 补充内容优化表达 生成多样风格文案，提升创作力
高效编程	编程能力、问题解决	输入问题获取代码示例 修改优化代码 调试代码，学习问题定位
数据分析	数据分析、决策支持	输入数据，获取分析建议 制作可视化图表 生成决策报告，优化流程

了解 DeepSeek 最新发展趋势，跟上 AI 技术进步

AI 技术正以前所未有的速度发展，DeepSeek 作为其中的佼佼者，凭借其技术创新和应用拓展，成为行业关注的焦点。掌握 DeepSeek 的最新发展趋势，不仅能帮助我们紧跟 AI 技术的进步，还能为个人和企业带来更多机遇。

DeepSeek 的最新技术突破

一、模型优化与性能提升

1. 高效能模型架构的持续改进

DeepSeek 在其混合专家（MoE）架构的基础上不断优化。近期研究表明，新版本在模型的稀疏激活机制上有了新的创新，通过更加智能地识别和激活与任务相关的子模型，进一步降低了计算资源的浪费。例如，在处理大规模文本分类任务时，相较于之前版本，能以更低的成本提供更快速、更准确的服务。

2. 参数微调与个性化定制

DeepSeek 引入了针对不同用户需求的参数微调功能。用户可以根据自己的特定任务，如医学领域的病历分析、金融行业的风险评估等，对模型进行微调。这种个性化定制使得模型能更好地适应专业领域的语言特点和数据模式，从而显著提高任务的处理精度。

二、多模态融合的深化拓展

1. 跨模态交互的增强

DeepSeek 在多模态融合方面取得了新的进展，进一步提升了跨模态交互的能力。现在，用户不仅可以通过文字指令生成图像，还能对生成的图像进行细节调整，如改变颜色、形状、风格等，并且能基于图像内容生成音频描述或音乐。

2. 新模态的融合探索

除了常见的文本、图像和音频模态，DeepSeek 正在探索与传感器数据等新模态的融合。在智能家居场景中，DeepSeek 可以结合温度、湿度、光照等传感器数据，以及用户的语音指令，自动调节家居设备的运行状态。例如，当传感器检测到室内温度过高且用户发出“调低温”的语音指令时，DeepSeek 能迅速控制空调降低温度，同时调整窗帘的开合度以减少阳光直射，实现更加智能、便捷的家居体验。

DeepSeek 在不同领域的创新应用

一、教育领域的革新

1. 个性化学习辅导实例

DeepSeek 为学生提供了个性化的学习辅导服务。通过分析学生的学习数据，包括作业完成情况、考试成绩、学习时间等，精准识别学生的知识薄弱点，制订专属的学习计划。

例如，一位学生的代数成绩较差。DeepSeek 分析了这位学生的作业和考试数据后，发现代数知识薄弱，于是生成针对性的代数练习题和详细解析。当这位学生每天完成 5 道代数题后，DeepSeek 会实时反馈并调整难度。于是，这位学生的代数成绩显著提升，学习效率提高。

2. 虚拟学习环境创建实例

利用 DeepSeek 的多模态能力，教育机构可以创建沉浸式的虚拟学习环境。在历史、地理等学科的教学中，学生可以通过佩戴虚拟现实设备，在虚拟场景中进行实地考察。

比如，一位学生对古代历史缺乏兴趣。DeepSeek 生成虚拟现实场景，如古代长安城。学生佩戴 VR 设备，在虚拟场景中与历史人物互动。通过虚拟体验了解当时的社会风貌和文化习俗，这位学生对古代历史的兴趣大增，历史知识掌握更牢固。

3. 教育资源的智能化管理

DeepSeek 正在探索如何通过 AI 技术优化教育资源的分配和管理。例如，它可以帮助学校分析教学资源的使用情况，提出优化建议，从而提高资源利用效率。

二、创意产业的助力

1. 内容创作的全流程支持

在文学创作、影视制作等创意产业中，DeepSeek 发挥着越来越重要的作用。在文学创作方面，它可以帮助作者进行故事构思、人物设定，甚至生成部分情节内容。

例如，作者只需提供一个故事主题和大致的情节框架，DeepSeek 就能根据其海量的知识储备和对文学作品的理解，生成丰富的细节描述和精彩的对话内容，为作者节省大量的创作时间。在影视制作中，DeepSeek 可以协助导演进行分镜头脚本设计，根据剧本内容生成场景概念图，以及为角色配音，提升影视制作的效率和质量。

2. 艺术风格的创新融合

DeepSeek 能学习和融合不同艺术家的创作风格，为艺术家提供灵感和创作工具。例如，在绘画领域，画家可以借助 DeepSeek 将中国传统水墨画风格与西方油画风格进行融合，创作出独特的艺术作品。它还可以根据用户输入的情感关键词，如"宁静""激昂"等，生成相应风格的艺术作品，为艺术创作带来了更多的可能性和创新性。

3. 游戏行业的智能化升级

DeepSeek 在游戏开发中的应用也很广泛。它可以帮助开发者生成游戏关卡、角色设计，甚至优化游戏内的 AI 行为，从而降低开发成本并提高游戏质量。

DeepSeek 创新应用总结

应用领域	具体应用
教育领域的革新	
个性化学习辅导	分析学生学习数据，识别薄弱点，制订专属学习计划
虚拟学习环境创建	利用多模态能力创建沉浸式虚拟学习环境
教育资源管理	优化教育资源分配，提高利用效率
创意产业的助力	
内容创作支持	支持文学创作、影视制作的全流程，包括故事构思、角色设定、分镜头设计等
艺术风格融合	融合不同艺术风格，生成独特艺术作品
游戏行业升级	生成游戏关卡、角色设计，优化游戏内 AI 行为

DeepSeek 对 AI 行业的影响

1. 技术成本的降低与普及

DeepSeek 通过技术创新大幅降低了 AI 模型的训练和推理成本，使得更多企业和个人能负担得起 AI 技术，推动了 AI 的普及。

2. 国产 AI 模型的崛起

DeepSeek 的成功，打破了国内对西方闭源模型的依赖，推动了国产 AI 模型的发展。

3. 全球 AI 生态的变革

DeepSeek 的技术突破，不仅提升了中国在全球 AI 领域的地位，还推动了全球算力竞争和投资格局的变化，促进了 AI 技术的全球化应用。

如何训练 DeepSeek 根据你的需求提供个性化建议？

DeepSeek 作为一款功能强大的 AI 工具，不仅能提供通用的解决方案，还可以通过训练和定制，成为你的专属智能助手，精准满足你的个性化需求。

然而，许多人对如何训练 AI 工具仍感到陌生，甚至认为这是一项高门槛的技术。事实上，只要掌握正确的方法，即使是零基础的用户，也能轻松上手，让 DeepSeek 为你提供量身定制的建议。本节将手把手教你训练 DeepSeek，打造属于你的智能助手。

训练 DeepSeek 的完整流程

1. 明确你的需求

在训练 DeepSeek 之前，首先要明确你的具体需求。以下是一些常见场景。

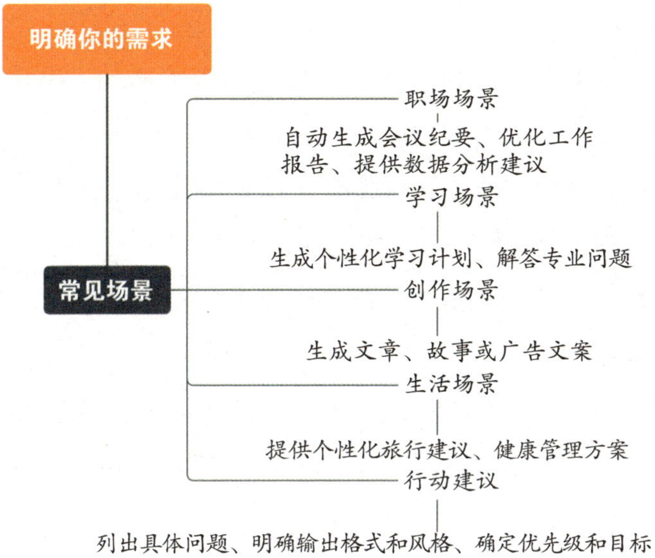

2. 数据准备：训练的基础

DeepSeek 的个性化训练依赖于高质量的数据。以下是数据准备的步骤。

（1）收集数据：根据你的需求，收集相关数据。例如，如果你希望 DeepSeek 生成营销文案，就要收集历史广告文案和市场数据。如果你希望它提供法律建议，就要收集相关法律文档和案例。

（2）清洗数据：去除噪声数据（如重复内容、无关信息），确保数据质量。

（3）标注数据：为数据添加标签或注释，帮助 DeepSeek 理解数据的含义和上下文。

3. 模型微调：让 DeepSeek 更懂你

DeepSeek 支持模型微调（Fine-tuning），这是实现个性化的关键步骤。以下是具体方法。

选择模型版本：根据你的需求选择合适的 DeepSeek 模型（如

DeepSeek-V3）。

准备训练环境：使用云平台（如 Google Colab、AWS）或本地 CPU 进行训练。安装必要的库（如 PyTorch、TensorFlow）。

微调模型：使用准备好的数据对 DeepSeek 进行微调。调整超参数（如学习率、批量大小）以优化模型性能。

评估模型：使用测试数据集评估模型的输出质量。根据评估结果进一步优化模型。

注意事项：如果数据量较小，可以使用迁移学习（Transfer Learning）技术，基于预训练模型进行微调。确保训练数据的多样性和代表性，避免模型过拟合。

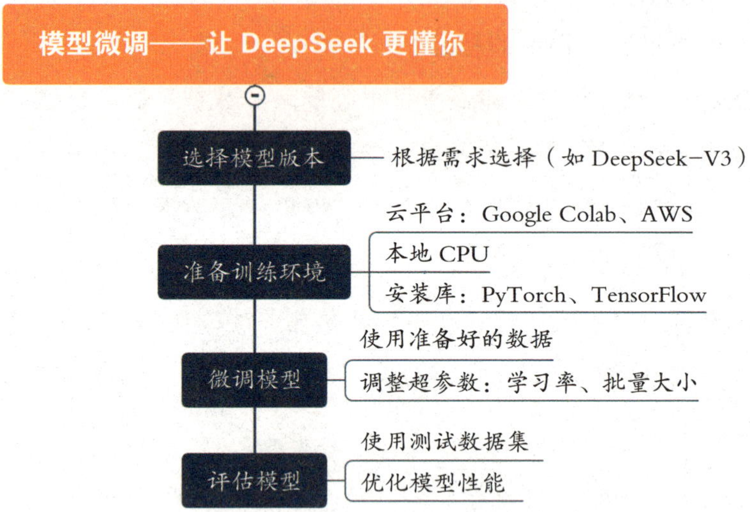

4. 集成与应用：让 DeepSeek 为你工作

训练完成后，将 DeepSeek 集成到你的工作流程中，开始享受个性化服务。以下是具体步骤：

API 集成：使用 DeepSeek 提供的 API，将其集成到你的应用程序或系统中。例如，将 DeepSeek 集成到企业微信或 Slack 中，实现智能问答功能。

用户反馈：收集用户对 DeepSeek 输出的反馈，持续优化模型。例如，如果用户认为生成的文案不够吸引人，可以调整训练数据或模型参数。

持续学习：定期更新训练数据，确保 DeepSeek 能适应新的需求和环境。例如，在市场营销领域，定期更新市场趋势数据，使 DeepSeek 生成的建议更具有时效性。

◇◇◇ DeepSeek 助力电商公司提升广告转化率 ◇◇◇

某电商公司面临广告转化率低迷的困境，决定尝试用 DeepSeek 生成个性化广告文案。市场部经理小李首先明确了需求：文案需要简洁、幽默，并突出产品卖点。接着，他带领团队收集了历史广告文案和用户反馈数据，清洗掉无效内容，并标注了哪些文案带来了高转化率。

随后，小李使用这些数据对 DeepSeek 进行微调，调整模型参数，使其更擅长生成符合公司风格的文案。训练完成后，

常见问题与解决方案

1. 训练数据不足怎么办？

使用数据增强技术（如文本生成、数据合成）扩充数据集。

利用公开数据集或行业报告补充数据。

2. 模型输出不符合预期怎么办？

检查训练数据是否具有代表性。

调整模型参数或重新标注数据。

3. 训练成本太高怎么办？

使用云平台的免费额度（如 Google Colab）。

选择 DeepSeek 的开源版本，降低训练成本。

通过以上步骤，你可以将 DeepSeek 训练成你的专属智能助手，用 AI 思维赢得未来。

案例故事：数学教师小王的 DeepSeek 智能助手

小王是一名高中数学老师，每天批改作业、设计练习题和解答学生问题占据了他大量时间。为了提高效率，他决定训练 DeepSeek 成为自己的专属智能助手。

小王首先明确了需求：DeepSeek 需要帮他自动批改作业、生成个性化练习题，并实时解答学生问题。接着，他收集了历史作业、教学大纲和学生常见问题，清洗数据并标注知识点和难度级别。然后，他在 Google Colab 上对 DeepSeek-V3 模型进行微调，确保它能准确理解数学问题并生成详细解析。

训练完成后，小王将 DeepSeek 集成到学校的教学平台中。学生们通过平台提交作业，DeepSeek 自动批改并生成解析。小王还可以用它生成练习题，并实时解答学生问题。

结果令人惊喜：小王的批改作业时间减少了 70%，学生成绩提升了 10%，教学效率显著提高。小王看着学生们通过平板电脑认真学习，微笑着对同事说："DeepSeek 真是我的得力助手！"

传统行业如何用 AI 实现数字化转型？

在 AI 技术飞速发展的今天，传统行业正面临前所未有的机遇与挑战。数字化转型不仅是企业提升竞争力的关键，更是适应未来市场的必经之路。然而，许多传统企业在转型过程中面临技术门槛高、成本压力大、人才短缺等问题。如何借助 AI 技术实现高效、低成本的数字化转型，成为企业亟需解决的问题。

DeepSeek 作为一款功能强大、易于使用的 AI 助手，为传统行业的数字化转型提供了全新的解决方案。

传统行业数字化转型的痛点

技术门槛高：传统行业缺乏 AI 技术储备，难以独立开发和应用 AI 工具。

成本压力大：数字化转型需要大量资金投入，中小企业难以承受。

数据利用不足：传统行业积累了海量数据，但缺乏有效的数据分析和应用能力。

人才短缺：传统行业缺乏懂 AI 的技术人才，难以推动智能化转型。

流程复杂：传统行业业务流程烦琐，难以快速适应数字化需求。

DeepSeek 如何助力传统行业数字化转型？

DeepSeek 凭借其先进的技术特点和开源策略，为传统行业提供了低门槛、高效率的数字化转型工具。

1. 降低技术门槛

开箱即用的 AI 工具：DeepSeek 提供预训练模型和简单易用的接口，企业无须具备深厚的技术背景即可快速上手。

多模态能力：DeepSeek 支持文本、图像、音频等多种数据类型的处理，满足不同行业的需求。

2. 降低转型成本

开源策略：DeepSeek 的开源版本允许企业免费使用，大幅降低了技术引入成本。

高效推理：采用混合专家（MoE）架构，DeepSeek 在保证高性能的同时，显著降低了计算成本。

3. 数据驱动决策

智能数据分析：DeepSeek 能快速分析海量数据，帮助企业发现市场趋势、优化运营策略。

自动化报告生成：通过 DeepSeek，企业可以自动生成数据分析报告，提升决策效率。

4. 赋能人才培养

零基础学习：DeepSeek 提供详细的使用文档和教程，帮助员工快速掌握 AI 技能。

人机协作：DeepSeek 作为 AI 助手，能与员工协同工作，提升整体效率。

5. 优化业务流程

智能客服：DeepSeek 可以替代传统客服，提供 24 小时在线服务，降低人力成本。

自动化流程：通过 DeepSeek，企业可以实现业务流程的自动化，如订单处理、库存管理等。

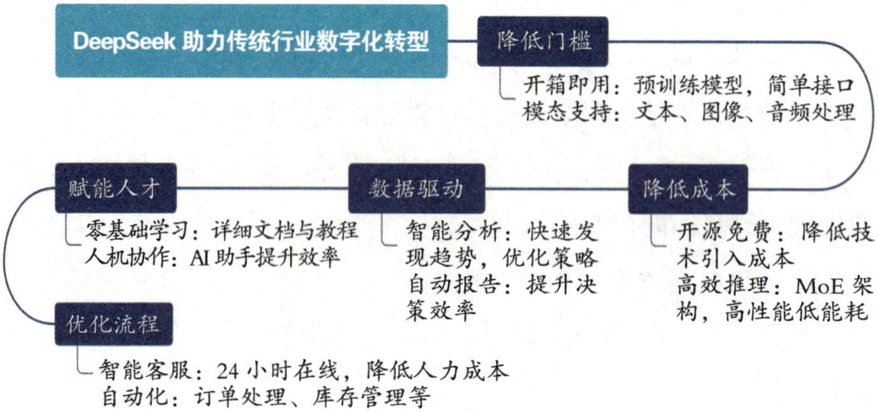

◇◇◇ 从传统到智能，一家制造企业的转型之路 ◇◇◇

浙江一家传统制造企业长期依赖人工质检和生产调度，效率低下，成本高昂。厂长李明在一次行业交流会上了解到 AI，决定引入其智能质检系统。起初，员工们对 AI 技术持怀疑态度，但 AI 的表现很快打消了他们的疑虑。系统不仅能自动识别产品缺陷，还能预测设备故障，提前安排维护。

此外，AI 的数据分析功能优化了生产调度，资源浪费大幅减少。李明还组织员工培训，帮助他们掌握 AI 工具的使用方法。质检员小王从最初的怀疑者变成了 AI 技术的支持者："现在工作轻松多了，效率还提高了！"

一年后，这家企业焕然一新，生产效率大幅提升，赢得了更多客户的信任。李明感慨道："AI 不仅帮我们解决了问题，还让我们看到了未来的方向。"这个故事证明，AI 技术是传统企业突破困境、赢得未来的利器。

传统行业数字化转型的必要性

1. 提升效率与降低成本

自动化流程：AI 可以自动化处理大量重复性任务，如数据录入、报表生成等，从而大幅提升工作效率。

精准决策：通过 AI 分析大数据，企业可以做出更精准的决策，减少资源浪费。

2. 增强竞争力

个性化服务：AI 可以帮助企业更好地理解客户需求，提供个性化服务，增强客户黏性。

创新商业模式：AI 技术可以催生新的商业模式，如智能客服、无人零售等，为企业带来新的增长点。

3. 适应市场变化

快速响应：AI 可以帮助企业快速响应市场变化，及时调整策略，保持竞争优势。

预测趋势：通过 AI 分析市场数据，企业可以提前预测行业趋势，抢占先机。

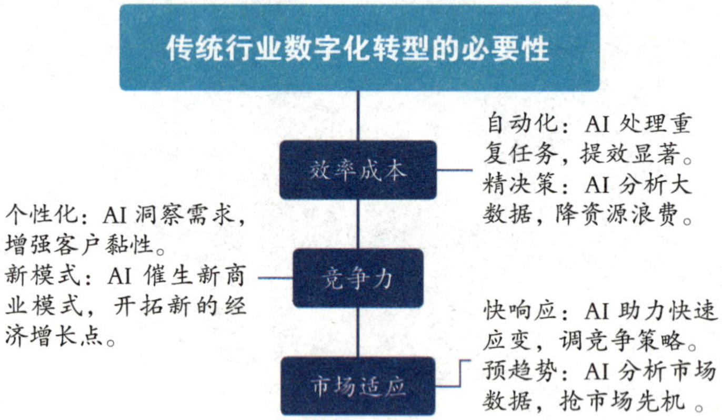